感谢复旦大学文科科研推进计划"金穗"项目对"谈家桢教授生平研究"(项目编号：10JS060)的资助

感谢浙江大学校史研究项目对"谈家桢研究"（项目编号：Xsyj2010-10）的资助

感谢上海复星医药（集团）股份有限公司对"谈家桢教授生平研究"的资助

2010年,国内知名遗传学家赵寿元教授这样说:"国内但凡有学生物学的地方,你总能找到与谈先生有关的人。"

谈向东 著

谈家桢与大学科研

复旦大学出版社
浙江大学出版社

作者简介

谈向东,谈家桢先生的长房嫡长孙。上海海洋大学食品学院制冷与空调工程系,副教授。

内容提要

本书主要记述谈家桢先生在东吴大学就学、燕京大学读研、美国加州理工学院读博和博士后,以及在浙江大学、复旦大学工作的部分情节,时间截止到1958年前后。

本书通过对大学环境中谈家桢就学、科研和生活的具体事件,从侧面实录中国社会沧海桑田之巨变,用片段回顾谈家桢为中国遗传学的发展,特别是丰富并完善遗传学理论所做的工作。

序一

何谓健康的大学科研

今年是谈家桢先生诞辰105周年。这是一个值得纪念的日子。谈家桢先生是国际著名遗传学家,是中国现代遗传学奠基人之一,也是一位杰出的科学家和科普教育专家。

1952年全国院系调整后,谈家桢来到复旦大学,担任生物系教授兼系主任。那一年,他43岁,从此他将自己的下半生和复旦大学紧密联系在一起。1961年起他曾先后担任复旦大学遗传所所长、复旦大学副校长、生命科学院院长和校长顾问等职务。

谈家桢先生的教学与学术研究,主要围绕遗传学研究,涉及有关瓢虫、果蝇、猕猴、人体、植物等的细胞遗传、群体遗传、辐射遗传、毒理遗传、分子遗传以及遗传工程等。特别在果蝇种群间的演变和异色瓢虫色斑遗传变异研究领域有开创性的成就,为奠定现代综合进化理论提供了重要论据。他发现了瓢虫色斑遗传的镶嵌显性现象,引起国际遗传学界的巨大反响,认为是对经典遗传学发展的一大贡献。

《谈家桢与大学科研》一书,集中回忆了谈家桢先生的成长历程、学术轨迹和教学科研思考。我们感慨谈家桢先生忘我投入的科研热情、实事求是的工作作风和认真细致的科学精神,也钦佩他的道德品格与学术素养,更折服他的爱国精神和高尚情操。正如这本书的书名,我想谈一下自己对大师与大学科研之间关系的一点思考。

大学,无疑是一个国家科技成就的孵化场所和科技人才的培育基地,更是基础科学不可或缺的支柱之一。健康的大学科研,必须有一位大师级人物领军,一位成就斐然的顶级学者主阵。从谈家桢在复旦大学的科研经历来看,就是一个明证。谈先生以他的数十年的学术积累和学术地位,聚集了一大批有志于遗传学研究的中青年学者,取得了一大批有学术价值的科研成果,更带动了复旦遗传所在全国乃至世界范围内的学术影响,这也对"复旦"这个品牌产生了难以估量的"价值"。

何谓大师?大师不仅有学术成果,更重要的是,还有他的人格魅力。这无疑对下一代科研工作者产生理想与精神世界的熏陶,带动他们为祖国的科学事业奉献宝贵才华。今天,我们处在一个物质的社会,急功近利也把科研功利化、世俗化。四处拉科研经费、不把正经心思用在科研本身,这些现象在今天我们的大学科研中,也时有发生,而谈家桢先生几十年投入基础科研的定力和执着,我想确实可以给今天的科研人员带来更多的思考和感悟。沉不下心来搞科研、静不下气来作研究,"浮光掠影"式的成果,终归是没有底气的。

其实,健康的大学科研,除了大师之外,良好的科研环境的塑造也是必要条件之一。在本书中,有许多关于谈家桢科研背后的小故事,有些史料也可能是第一次披露,但今天读起来,仍味道十足,令人感慨。良好的科研环境,既包括宽松的、便于思想交锋的学术环境,也包括相对顺畅的科研与行政部门的沟通机制,当然还包括和谐有序的社会环境与政治环境。良好的科研环境,需要当下大学主管工作者们大力营造,当然也需要全社会共同努力。

《谈家桢与大学科研》一书的成功出版,期待给吾辈学人与大学管理者以思考和共鸣,愿大家共勉之。

2013 年 8 月

(注:杨玉良教授,中国科学院院士,复旦大学校长)

序二

谈家桢与浙江大学生物系

谈家桢先生是国际著名遗传学家、中国现代遗传学奠基人之一、浙江大学的杰出学者。1937年应竺可桢校长邀请出任浙江大学生物系教授,1949年起任浙江大学理学院院长,直至1952年全国院系调整。他在浙江大学的15年硕果累累、桃李满园,为生命学科的发展做出了卓著贡献。

谈家桢先生是蜚声海内外的杰出科学家。他一生致力于遗传学研究,即便在抗日战争浙大西迁的艰苦条件下,依旧带领师生深入开展探索性研究,完成了一系列代表性论文,特别是他发现了瓢虫色斑遗传的"嵌镶显性现象",引起国际遗传学界的巨大反响,被认为是经典遗传学发展的重要补充和现代综合进化理论的关键论据。之后于1946年发表了《异色瓢虫色斑遗传中的嵌镶显性》论文,丰富和发展了摩尔根遗传学说。在湄潭,学校成立了理科研究所生物学部(后改称生物学研究所),由贝时璋、谈家桢、罗宗洛先生分别主持开展了实验形态学、遗传学、植物生理学等世界一流的生命科学研究。很难想象,谈家桢先生和其他教授在极其简陋的条件下,就地取材,亲力亲为,专注于各自的研究,做出了一流的成果。

谈家桢先生是声望崇高的著名教育家。他一生奋斗在自己钟爱的教育战线,在潜心学术研究的同时,始终恪守教师的神圣天职,钻研育人的科学方法,深受广大学生的爱戴。他重视培养学生的基础能力,强调只有打好基础知识、基础理论和基本实验技术这3个方面的基础,才能在实践中尽快地适应和开展独立研究。他关心和帮助学生成长成才,总是热情鼓励学生超越自己,并设法通过各种渠道开阔学生的视野,增长学生的知识。他认为在科技发达的今天，学生光学习科学基础知识还不够，还需在教师的引导下学会如何处理人与人的关系、人与自然的关系。仅在浙江大学任教期间，他就培养了一批国内外著名的生物学家，如施履吉、盛祖嘉、徐道觉和刘祖洞等，对生物学领域的发展产生了颇为重大的影响。

谈老一生，与浙江大学结下了不解之缘和深厚感情。他曾满怀深情地回忆在浙大的时光，"我是浙江人，在浙江大学工作了近15年。15年时间不算太长，但故乡、浙大，特别是竺可桢校长倡导的'求是'学风给了我非常深远的影响。"他虽然后来到复旦大学工作，但仍然时时心系浙江大学的发展，曾多次给党和国家领导人写信，以竺校长办浙大为例，提出要培养真正的一流科学家，必须办好综合性大学，把文、理、工、农、医等学科资源整合起来，互相渗透、互相促进、共同提高。2007年浙大110周年校庆时，近百岁高龄的他看到母校来人，仔细询问了学校人才培养、国际交流的情况，对生物学科的发展提出了殷切希望，并祝愿浙大早日办成世界一流的综合性大学。

谈家桢先生为祖国科学教育事业奉献了毕生心血和智慧，为后世留下了无尽的科学财富和不朽的精神丰碑。他在遗传领域的杰出成就和务实创新的科学精神，一直激励着浙大生命学科的每一个后继者。

今年正值谈家桢诞辰105周年，这部《谈家桢与大学科研》，既是纪念这位德高望重的学界宗师，也是为了阐释大学科研的功用价值和深远意义。希望本书能够引领后学，将先生开创的事业不断发扬光大。

林建华

2013年11月

（注：林建华教授，浙江大学校长）

序三

写在第六届"谈家桢生命科学奖"颁奖之前*

荀子在《劝学》中写道:"积土成山,风雨兴焉;积水成渊,蛟龙生焉;积善成德,而神明自得,圣心备焉。故不积跬步,无以至千里;不积小流,无以成江海。骐骥一跃,不能十步;驽马十驾,功在不舍。锲而舍之,朽木不折;锲而不舍,金石可镂。蚓无爪牙之利,筋骨之强,上食埃土,下饮黄泉,用心一也。蟹六跪而二螯,非蛇鳝之穴无可寄托者,用心躁也。"蚯蚓虽无爪无牙,但是在泥土中上下自如,上可触达黄土,下可饮用黄泉之水,主要是它用心专一。反观螃蟹,虽然有六只尖利的爪子,两个钳子一样的螯,但却无所作为,自己连巢穴也没有一个,主要就是心浮气躁。荀子虽为古人,所处世事离当今甚远,但所提之事,句句精辟,颇令当下有此鄙疾者汗颜。

值得欣慰的是,谈家桢生命科学奖第六届的获奖者及过往历年的获奖者都很好地践行了荀子在《劝学》中的教诲,用心专一,鞠躬尽瘁,在各自领域锲而不舍地努力,做出了国际领先的成绩或是弥补了与国外先进水平的差距。正是有了这些优秀的科技工作者,在国家经济实力不断提升的过程中,为我国科技水平的提升做出了卓越的贡献。

在此也要感谢谈家桢生命科学奖奖励委员会和评审专家委员会的全体委员,正是由于你们精益求精的工作态度、对于科技进展的全面把控,以及对申请者深入详细了解,精心审阅申报材料,开诚布公地讨论,从而使每次评审的结果都能获得各界的一

---

* 本文为《第六届谈家桢生命科学奖纪念册》的序言。

致好评。

　　正因为如此，从第四届"谈家桢生命科学奖"起，我们把每次的颁奖典礼放在大学里举行，并安排每次的成就奖获得者做学术报告，目的就是通过这样的活动给今后将从事科研工作的大学生和研究生们树立优秀的榜样，传授真正的科学研究的真谛，摒弃现实存在于科学界的不良风气，为今后中国科学事业能真正屹立于世界之林打下坚实的基础。

　　在科学研究快速发展的过程中所带出的一些问题，只有靠我们自己去解决，任重道远，我们仍将努力前行。

饶子和
2013年11月

（注：饶子和教授，中国科学院院士，"谈家桢生命科学奖"奖励委员会主任）

前言

谈家桢出生于1909年9月；今年是2013年，就是谈家桢诞辰105周年了。

为了纪念这个日子，谈向东从已经写就近60万字的《谈家桢传(暂名)》清样素稿里，节选出谈家桢在东吴大学就学、燕京大学读研、美国加州理工学院读博、博士后以及浙江大学、复旦大学工作的部分情节；主旨反映谈家桢以瓢虫、果蝇为主要实验材料，通过自身努力，丰富并完善遗传学理论；培养众多学生和坚持科学真理等事件。时间截至1958年前后。

本书取名《谈家桢与大学科研》，主要记述在大学环境里，谈家桢就学、科研和生活等具体事件，从一个侧面实录中国社会沧海桑田之巨变；从一个片段回顾谈家桢自身努力学习，常年沉浸于实验室工作，培养与训练学生为国家复兴所做的基础工作，坚持科学真理的勇气与智慧等具体故事。以时间为轴，以故事做纬，用记录的视角告诉大家，谈家桢为中国的科学，特别是遗传学的发展所做的工作。

一个东吴学子成长为科学大家的经历，是做好自身工作并坚持，善于计划，善于总结。从专业角度来说，扎实系统的学习，特别需要了解专业历史，记录在每个节点上对专业理论有所贡献的人和事，并深入思考其理论的独特性，发现其可改善或完善的地方，从这个角度去探讨理论的创新或突破。

谈家桢在1946年发表的《异色瓢虫 Harmonia axyridis 色斑遗传中的嵌镶显性》论文，被科学界公认为丰富并发展了遗传学理论，并确定了谈家桢在现代综合进化学领军的国际地位，是本书想努力阐述的；不知能否达成目的，请各位看后提出自己的宝贵意见，笔者将更加努力地去完善和改正。

大学是知识、理论创新的花园，是科研、技术新创的苗圃；换句话说，大学是国家进步的原创基地之一。我们现在正值国家实现伟大复兴的时期，全面实现小康社会的关键时间段，不论怎么说，我辈肩负的责任是非常重的，不努力怎么行？希望《谈家桢与大学科研》的出版，能给大家一个新时期的参考答案或借鉴；同心同向，同心齐力，为建设国家、复兴国家，做好自己本职工作，积微薄之力，汇江河之浩大。

谈向东
2013 年 8 月

目录与导读

序一　何谓健康的大学科研…………………………………… 杨玉良
序二　谈家桢与浙江大学生物系………………………………… 林建华
序三　写在第六届"谈家桢生命科学奖"颁奖之前 ………………… 饶子和
前言

第1章　生命进化与遗传　嵌镶显性求真知………………………… 1

1. 记述1944年谈家桢在贵州湄潭浙江大学理学院生物系、生物学研究所工作期间,发现异色瓢虫"嵌镶显性"现象的过程和实验设计及相关。
2. 交代瓢虫实物研究理论模型与科研等记录。
3. 1944年,在国内专业期刊《实验生物》2期上,发表了《Inheritance of the Elytral Color Patterns of *Harmonia axyridis* and a New Phenomenon of Dominance(在异色瓢虫*Harmonia axyridis*鞘翅色斑的遗传中的一种新显性现象)》。
4. 配有1944年10月李约瑟参观谈家桢遗传学实验室的珍贵照片。
5. 1946年,在美国专业期刊《遗传学》上,发表了《Mosaic Dominance in the Inheritance of Color Patterns in the Lady-brid Bettle,*Harmonia axyridis*(异色瓢虫*Harmonia axyridis*色斑遗传中的嵌镶显性)》。

第2章　少年疑惑或困顿　生物学习与积累………………………… 8

1. 简要介绍谈家桢出生地和家乡的人文环境。
2. 用简短的笔触,记述谈家桢少小学习的一个个生动片段。
3. 东吴大学本科阶段的读书、学习情况及成绩单的扫描。

第3章　瓢虫世界乐无穷　遗传大师刚起步………………………… 14

1. 描述燕京大学的人文环境。
2. 介绍谈家桢在硕士研究生阶段的科研题目、实验材料的选择。
3. 介绍谈家桢为完成学业或课题需要做的实验室工作和其后的总结性工作。
4. 用一年半时间,完成了硕士毕业论文:《异色瓢虫生物学及其鞘翅色斑变异和遗传》。
5. 后续三篇正式发表的论文:
   [1] Tan,C.C.and Li,J.C. 1932.《Variations in the Color Patterns in the Lady-bird Beetles, *Ptychanatis axyridis*

Pall(异色瓢虫鞘翅色斑的变异)》. *Pek.Nat.Hist.Bull.*, 7: 175—193.

[2] Tan, C.C. 1933.《Notes on the Biology of the Lady-bird Bettle, *Ptychanatis axyridis* Pall(异色瓢虫的生物学记录)》. *Pek.Nat.Hist.Bull.*, 8: 9—18.

[3] Tan, C.C. and Li, J.C. 1934.《Inheritance of the Elytral Color Patterns of the Lady-bird Bettle, *Harmonin axyridis* Pallas(异色瓢虫鞘翅色斑的遗传)》.[美]*Nat.*, 68: 252—265.

6. 简述在东吴大学出任生物系助教两年的大致工作情况。

第4章　美利坚深造遗传　摩尔根一脉理论 ················ 20

1. 1934年,谈家桢进入加州理工学院摩尔根实验室(The Fly Room)。
2. 简述实验材料选择的重要性。
3. 用两年时间完成了博士论文:《Genetic Maps of the Autosomes in *Drosophila pseudoobscura*(果蝇常染色体的遗传图)》,1936年通过答辩,获哲学博士学位。
4. 1936—1937年,博士后工作一年。
5. 1934—1937年,正式发表论文14篇:

[4] Tan, C.C. 1935.《Identification of the Salivary Gland Chromosomes in *Drosophila pseudoobscura*(果蝇唾液腺染色体的鉴定)》. *Proc.Nat.Acad.Sci*, 21: 100—202.

[5] Tan, C.C. 1935.《Salivary Gland Chromosomes in the Two Races of *Drosophila pseudoobscura*(果蝇两个族的唾液腺染色体)》. *Genetics*, 20: 392—402.

[6] Tan, C.C. 1936.《Genetic Maps of the Autosomes in *Drosophila pseudoobscura*(果蝇常染色体的遗传图)》. *Genetics*, 21: 796—807.

[7] Tan, C.C. 1936.《Recent Advances in the Theory of the Gene(遗传"基因"学说之发展)》. *Wuhan University Science Bull.*, 6: 306—328.

[8] Dobzhansky, Th. and Tan, C.C. 1936.《Studies on Hybrid Sterility Ⅲ, A Comparison of the Gene Arrangement in two Species, *Drosophila pseudoobscura* and *Drosophila miranda*(杂种不孕性研究Ⅲ,两种果蝇 *Drosophila pseudoobscura*和*Drosophila miranda* 基因排列程序的比较)》. *Z.f.ind.Abst.u.Vererb.*, 72: 88—133.

[9] Dobzhansky, Th. and Tan, C.C. 1937.《A Comparative Study of the Chromosome Structure in two Related Species, *Drosophila pseudoobscura* and *Drosophila miranda*(果蝇两邻近种 *Drosophila pseudoobscura*和*Drosophila miranda*间的染色体结构的比较研究)》.[美]*Nat.*, 70: 47—48.

[10] Von G. Gottschewski and Tan, C.C. 1937.《Die Homologic der Augenfarbgene von *Drosophila melanoguster* and *Drosophila pseudoobscura*, bestimmt durch das Transp lanationsexperiment(用移植试验鉴定两种果蝇 *Drosophila melanoguster*和*Drosophila pseudoobscura*眼色基因的同源性)》. *Biologischen Zentralblatt*, 57: 5—6.

[11] Tan, C.C. 1937.《The Cytologoical Maps of the Autosomes in *Drosophila pseudoobscura*(果蝇 *Drosophila pseudoobscura* 常染色体的细胞图)》. *Z.f.Zellf.u.Mik.Anat.*, 26: 439—461.

[12] Tan, C.C. 1937.《Compressed Deficiency and the Location of the Spindle Attachment in the X-Chromosome of *Drosophila pseudoobscura*(果蝇 *Drosophila pseudoobscura* "扁眼"缺失与X-染色体上着丝粒的位置)》.[美]*Proc.Nat.Acad.Sci*, 23: 351—356.

[13] Tan, C.C. 1937.《Linkage Maps of *Drosophila pseudoobscura*(果蝇 *Drosophila pseudoobscura* 的连锁图)》.*Drosophil*

Information Service, 1: 68—70.

[14] Tan, C.C. 1937.《Translocations in *Drosophila pseudoobscura*(果蝇 *Drosophila pseudoobscura* 中的异位)》. *Drosophil Information Service*, 7: 67—68.

[15] Sturtevant, A.H. and Tan, C.C. 1937.《The Comparative Genetics of *Drosophila pseudoobscura* and *Drosophila melanoguster*(两种果蝇 *Drosophila pseudoobscura* 和 *Drosophila melanoguster* 的比较遗传学)》. *J.Genetics*, 34: 415—432.

[16] Tan, C.C. and D.F.Pouison. 1937.《The Behavior of Vermilion andOrange Eye Colours in Trans-Plantation in *Drosophila pseudoobscura*(果蝇 *Drosophila pseudoobscura* 的晶红和橘红眼色在移植中的行为)》. *J.Genetics*, 34: 433—435.

[17] G.Gottschewski and Tan, C.C. 1938.《The Homology of the Eye Color Gengs in *Drosophila melanoguster* and *Drosophila pseudoobscura* as Determined by Transplantation Ⅱ(用移植试验鉴定两种果蝇 *Drosophila melanoguster* 和 *Drosophila pseudoobscura* 眼色基因的等位性Ⅱ)》. *Genetics*, 23: 221—238.

6. 交代谈家桢与杜布赞斯基的关系、《遗传学与物种起源》与谈家桢和现代综合进化论的奠基人的关系。
7. 介绍谈家桢与麦克林托克之间的友谊。
8. 科学合作、协同的重要性。

第5章　学成归来名与实　浙江大学识英才 ········· 31

1. 简要介绍回国前后的事件。
2. 浙江大学生物系大概情况和起聘谈家桢为二级教授的原委。

第6章　浙大文军始长征　家桢科研亦努力 ········· 34

1. 1937年7月,谈家桢到位于杭州的浙江大学报到。
2. 1937年9月,浙江大学开始"西迁"。
3. 简要说明在浙江建德,江西吉安、泰州,广西宜山等地的教育教学、科研情况。

第7章　青山绿水好湄潭　东方剑桥誉海外 ········· 37

1. 记述从1940年秋后的7年时间,在贵州湄潭的教育教学、科研等情况。
2. 生物系设置在唐家祠堂和基本条件等情况。
3. 培养研究生的工作。
4. 简要介绍浙江大学被英国学者李约瑟称为"东方剑桥"的经过。
5. 发表的论文:

[18] Tan, C.C. 1941.《Two New Karyotypes in *Drosophila*(果蝇的两种新核型)》. *Drosophila Information Service*, 16: 69.

[19] Tan, C.C. 1942.《The Nature of the "Race-Differential" Chromosomes in *Drosophila montium* De Meijere(鉴

别果蝇 Drosophila montium 不同族染色体的本质)》. *The Science Record*, 1: 178—187.

[20] Tan, C.C. 1942.《Geographical Variation and Inheritance of the "Ridged" and "Smooth" Elytron in *Harmomia axyridis*（异色瓢虫 *Harmomia axyridis* 的"脊突"和"平滑"鞘翅的地理变异和遗传）》. *The 25th Anniversary Publ. of the Sci.Soc. of China.*

[21] Tan, C.C., T.C.Sheng and P.H.Cheng. 1942.《Known *Drosophila* in China and Some Note on Three New Species（中国已发现的果蝇和三个新种的记录）》. *The Tsing-Hua University Science Reports.*

[22] 谈家桢、徐道觉，1942.《褐果蝇之族系分化问题》. 广西农业.

[23] Tan, C.C. 1944.《Inheritance of the Elytral Color Patterns of *Harmonia axyridis* and a New Phenomenon of Dominance（在异色瓢虫 *Harmonia axyridis* 鞘翅色斑的遗传中的一种新显性现象）》. *Chinese Jour. of Experimental Biology.* 2：109—132.

[24] Tan, C.C. and Hsu, T.C. 1944.《On the Racial Differentiation of *Drosophila montium*（有关果蝇 *Drosophila montium* 的族系分化）》. *Kwangsi Agriculture*, 5(1).

第8章　布衣学者爱国心　缘起科学与求是 ······ 45

1. 简要记述赴美前在印度、开罗等地的事件。
2. 记述1945年秋与杜布赞斯基一起创建"国际进化研究学会"。
3. 在美为"四大金刚"赴美留学而努力。
4. 这一时间段正式发表的论文：

[25] Tan, C.C. 1946.《Mosaic Dominance in the Inheritance of Color Patterns in the Lady-brid Bettle, *Harmonia axyridis*（异色瓢虫 *Harmonia axyridis* 色斑遗传中的嵌镶显性）》. *Genetics*, 31: 195—210.

[26] Tan, C.C. 1946.《Genetics of Sexual Isolation between *Drosophila pseudoobscura* and *Drosophila persimilis*（两种果蝇 *Drosophila pseudoobscura* 和 *Drosophila persimilis* 间性隔离的遗传学）》. *Genetics*, 31: 558—573.

[27] Tan, C.C. 1948.《Seasonal Variations of Color Patterns in *Harmonia axyridis*（异色瓢虫 *Harmonia axyridis* 色斑的季节性变异）》. *Proc.8th International Congress of Genetics*: 669—670.

5. 1946年，回杭州浙江大学。
6. 1948年赴瑞典斯德哥尔摩出席第八届国际遗传学大会和其他。
7. 对李森科情况的基本了解。
8. 竺可桢校长在日记中对谈家桢回国事件的真实记录。

第9章　学派之争对与错　国家需要大科学 ······ 55

1. 在新中国的浙江大学，谈家桢亲笔填写的《在职教职员登记表》。
2. 解放初期，浙江大学生物系的教育教学情况扫描。
3. 高沛之对国内东北报刊上刊登的李森科《论生物科学的现状》一文作批驳的感想，用论文的形式来论证。

第10章　院系调整归复旦　三八线说定教育 ……………………… 59

1. 谈家桢加入中国民主同盟的过程。
2. 1952年全国院系调整期间浙江大学的情况。
3. 1952年8月,浙江大学生物系全体合影。
4. 出任复旦大学生物系主任和主持生物系建设的大概。
5. 翻译《生物学引论》的缘由。
6. 指导学生、教师进行教育教学与科研的扫描。
7. 中国科学院与国家高教部之间,因人事问题(特指谈家桢事件),引出"双龙抢珠"的故事。

第11章　青岛遗传座谈会　学术之争与"双百" ……………………… 72

1. 李森科问题引起国内生物学界两个学派的争论。1953年斯大林逝世后,1956年4月李森科被罢免全苏农业科学院院长一职,引起中国共产党高层的警觉。为了避免重蹈前辙,决定由中国科学院、国家高教部和中共中央宣传部联合举办"青岛遗传学座谈会"。
2. 毛泽东提出"双百方针"的始末。
3. 为办好座谈会,中共中央宣传部做了大量的基础调研和工作的情况记录。
4. 青岛遗传学座谈会的基本情况描述与记录以及谈家桢等在会议中所起的作用。
5. 珍贵的白天、晚上座谈会会场照片,共4张。

第12章　西湖烟雨读书处　指点江山存佳话 ……………………… 86

1. 1957年反右运动、大鸣大放和知识分子交心运动等部分环绕在谈家桢身边的事件。
2. 1957年7月,在上海接受毛泽东主席的接见。
3. 简单记述1957年学习苏联副博士的教育事件。
4. 这一时期的教育教学部分记录。
5. 1956年9月,复旦大学举办全国第一次专门讲授"基因染色体理论"的研讨班。
6. 1958年1月4日,谈家桢与周谷城、赵超构三人乘毛泽东专机到杭州刘庄,接受毛泽东主席的咨询、交谈和亲切接见,堪称一段"西湖佳话"。

参考文献 ……………………………………………………………… 101
后　　记 ……………………………………………………………… 103

第1章

生命进化与遗传　嵌镶显性求真知

1944年春天的一个普通傍晚,雨淅淅沥沥地下个不停,谈家桢心无旁骛地在贵州遵义湄潭的唐家祠堂里[1],照例通过微弱的煤油灯光,仔细地观察着瓢虫的杂交后代。突然,他在显微镜里看到:在瓢虫的鞘翅上,有黄色和黑色所组成的不同斑点类型,在它们的第二代身上,其父体和母体所显示的黑色部分均能显示出来,而黄色部分却被掩盖住了。这种现象在以往的实验观察中是不曾出现的。

经反复证实后,谈家桢兴奋之极,并将这一事实告知时任浙江大学生物系主任的贝时璋教授,贝先生也为之高兴并建议将此种现象命名为"嵌镶(mosaic)显性现象"。以此为基础,谈家桢又申请到了洛氏基金会[2]的资助,扩建实验室一间,展开了更为广泛的杂交试验,试图寻找实验重复性并进一步论证、探讨这些现象的机理。

谈家桢将瓢虫四种基本型,再细分为11种黄底型(鞘翅以黄色为底色,上面分别带有0–19个黑色斑点)和12种黑底型(鞘翅以黑色为底色,上面有大小、位置、数目不同的橙色色斑)。然后,在相同类型和不同类型的瓢虫之间进行杂交实验,记录杂交结果,梳理并分析发现,或是再次确认了一个事实:黄底型都是纯合个体,由隐性等位基因 S 控制;而12种黑底型由相同基因座的另外12个复等位基因控制。

在千百次反复枯燥的实验与观察以及大量采集瓢虫并饲养的工作中,谈家桢终于一步步地摸清了嵌镶显性现象的规律:鞘翅色斑遗传至少是由30个以上的复等位基因所控制,有一些变异类型实际上是嵌镶杂合体,它们不能稳定地传下去,无例外地显示嵌镶显性的作用,表现一种特异的嵌

---

[1] 因日本发动侵华战争,浙江大学于1937年9月开始西迁。历经艰苦辗转,于1940年初到贵州遵义、湄潭、永兴。生物系于1940年秋搬至湄潭的唐家祠堂,直到1946年5月抗战胜利后迁回杭州。

[2] 洛氏基金会的全称是洛克菲勒基金会(美国)。

镶显性现象。

综合这些研究与发现，谈家桢提出了嵌镶显性现象的两种形式，即"包括式"和"重叠式"。

包括式即一种等位基因的表现性状（色斑）完全被另一种等位基因的性状（相同位置不同大小的色斑）"包括"了。例如，二窗薄黑缘型（后定义为二窗型S^AS^A）与二窗厚黑缘型（后定义为二窗型S^CS^C）杂交，得到F1代都是S^AS^C，表现型都是二窗型，因为这种类型的黑底区域包括了另一种类型的黑底区域，而F1代自交得到F2代会出现二窗型（S^CS^C、S^AS^C）和黑缘型（S^AS^A）两种类型，比例为3:1。

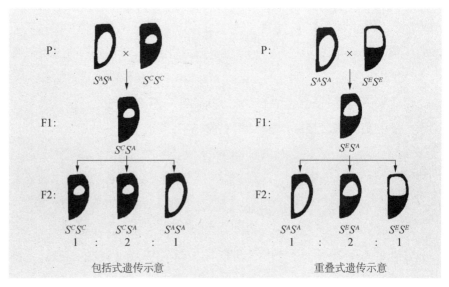

异色瓢虫色斑的嵌镶遗传

重叠式即杂交个体的性状（色斑）表现为两种等位基因所控制的色斑重叠结果。如：黑缘型（S^AS^A）和均色型（S^ES^E）瓢虫鞘翅的黑底部分，分别集中在鞘翅的前端和后端，杂交F1的表现型是在鞘翅的前、后端都是黑底的新类型，表现为两种亲本性状的嵌合体，而F1代自交得到的F2代发生分离，出现黑缘型、新类型和均色型，比例为1:2:1。

这个研究的发现与结论，无疑是重要的。

谈家桢根据已出的成果，用了不长的时间，做了一目了然的瓢虫实物研究简易模型，以方便进一步地总结，并于1944年在国内专业杂志《实验生物》(Chinese Jour. of Experimental Biology. 2：109—132.) 上，发表了《Inheritance of the Elytral Color Patterns of *Harmonia axyridis* and a New Phenomenon of Dominance（在异色瓢虫 *Harmonia axyridis* 鞘翅色斑的遗传中的一种新显性现象）》的报告。

对异色瓢虫长达15年、跨越不同地域和时间的累进研究，使谈家桢已然成为这一领域的杰出学者。

在嵌镶显性的机理探讨上，谈家桢大胆地提出了这样一个假设：异色瓢虫鞘翅色斑的变化是黑色部分和非黑色部分的分布范围与布局的更动，而这又与鞘翅的黑化过程（羽化后开始，约历经6小时）中，鞘翅内部体液中的酶系有关。嵌镶显性就是控制形成黑色素酶的基因起着支配作用。发育的结果，鞘翅的黑色部分成为非黑色部分的显性。谈家桢感到，对异色瓢虫色斑的嵌镶现象从发育、生化遗传学角度作进一步深入的研究，对于揭示真核生物基因的表达过程和发育过程中基因与环境条件的关系，具有十分重要的价值。

通过对许多嵌镶杂合体的测验，他又发现了一种例外情况：在橙红色斑点中有一个黑斑点，并且以"三体性遗传原理"对这一例外现象，做了完美的解释。

1945年秋，谈家桢应哥伦比亚大学之邀[1]，自偏僻的贵州湄潭启程，赴美担任客座教授。这一去横跨两个年头，在美国除了讲学之外，他潜心著述，整理完成了一篇极为重要的学术论文《异色瓢虫色斑嵌镶显性遗传理论》[2]，在1946年发表于美国的《遗传学》杂志上。

文章主旨是谈家桢从1930年师从李汝祺开始直到1945年间，对亚洲瓢虫进行系列研究后得到的精彩并归纳成系统的部分结论或瓢虫色斑变异现象之普遍规律，是生物学科或遗传学本身的"进化"中阶段性、过程性

---

[1] 1945年秋至1946年两个学期，谈家桢应已到哥伦比亚大学工作的杜布赞斯基之邀请，通过洛氏基金会，担任了哥伦比亚大学客座教授。

此次成行另一个重要原因是谈家桢的博士生导师，1933年诺贝尔奖获得者摩尔根（Thomas Hunt Morgan, 1866—1946）先生，在弥留之际提出要与他自己的学生谈家桢见面，并通过杜布赞斯基的邀请而达成其愿望。

摩尔根在1946年辞世，临别之时，他对众多的学生与同行说："如果在遗传学研究方面有所疑问，可去中国找谈家桢。"

[2] Tan, C.C. 1946《Mosaic Dominance in the Inheritance of Color Patterns in the Lady-brid Bettle, *Harmonia axyridis*（异色瓢虫 *Harmonia axyridis* 色斑遗传中的嵌镶显性）》*Genetics*, 31: 195—210.

谈家桢 与大学科研

1944年10月,谈家桢在唐家祠堂[1]

李约瑟[2](中)、谈家桢(右二)、盛祖嘉(右一)

谈家桢的论文《异色瓢虫色斑嵌镶显性遗传理论》(部分节选样张)

---

[1] 1942年,浙江大学研究所理科研究所生物学部成立并设置在唐家祠堂,后改称生物学研究所,下设贝时璋(实验形态学)、罗宗洛(植物生理学)、谈家桢(遗传学)三个实验室。

本照片由原浙江大学理学院数学系钱宝琮教授之孙,浙江大学校史研究会特聘研究员钱永红先生提供。照片由英国人李约瑟教授本人拍摄。照片中谈家桢教授手持亚洲瓢虫鞘翅的实物表达研究(自制)模型。

[2] 1944年10月,英国文化学会派李约瑟(Joseph Needham, 1900—1995)教授(时任英国驻重庆大使馆的中英科学联络处主持,后任英国皇家学会会长)来浙江大学参加中国科学社的30周年年会。浙江大学分派由理学院主接待,胡刚复院长又派谈家桢、王淦昌、束星北等几位年轻教授负责陪同李约瑟一行,参观浙江大学理学院各系和农学院的农化系,并参加年会活动。10月25日上午9点,在浙大湄潭文庙大成殿召开科学社年会,时任中国科学社社友会会长、浙江大学理学院院长胡刚复教授致开幕词,然后,请李约瑟作《中国科学史与西方之比较观察》的专题演讲。

本照片记录的是李约瑟教授参观谈家桢研究小组所做工作并交流。临走时,李约瑟教授对陪同的谈家桢等人说:"浙江大学师生身居偏僻山区,条件很艰苦,住在祠堂破庙里,短短的几年能获得这许多科研成果,很不容易。"

的一篇有代表性的论文。

谈家桢通过在野外大量采集、实验室饲养和分组进行异型杂交、交叉杂交、回交等方法，先得到纯合体（homozygote）的 succinea 型，为实验奠定基础。再对各种色斑型予以异型杂交，得到各种杂合体（heterozygote）。杂合体之间的相交，后代更出现多种色斑，总的结果是两个个体的鞘翅叠盖（overlapping）。黑色素部分呈现，黄色素部分为叠盖的黑色素所掩盖，不再显现，这样就出现了更多黄黑色斑形状的个体。原文的图1-60表示了左鞘翅12种不同的等位基因（alleles）的各种纯合体和杂合体的色斑型，并注有各等位基因的符号。

这漂亮的亚洲瓢虫左鞘翅的黑白图，如果当年有彩色印刷技术的话，想必会更加精彩。独特的硬壳瓢虫鞘翅的色斑图案有着明显的多态图案，不同地域出现特有图案的频率不同。到1946年，已鉴定出200多种图案。不同地域的差别之大，以致传统的分类学家经常把它们分为不同的种，甚至不同的属。谈家桢发现这些图案可以用位于常染色体的有12个等位基因的一个基因座的变化来解释。日本星野安姿、驹井卓等的研究另发现3个等位基因，如果补充到谈家桢的研究序列里，加起来共15个等位基因，而且肯定还会有更多的发现。

谈家桢发表的学术论文《异色瓢虫色斑嵌镶显性遗传理论》对已知15种等位基因的不同组合、可能得到的理论色斑型类，做了一目了然的设计。这是谈家桢对实物研究模型理论表达的进一步总结。

一个等位基因 S（代表 succinea）对其他等位基因是隐性。它产生橘黄色的背景，上面有许多黑斑或者没有黑斑。黑斑的位置是非常特定的，它们只出现在10个位置上。S 的外显率是可变的，如出现黑斑，其大小也是可变的。在较低的温度下发育时，黑斑的外显率和面积都较大。

其他11个等位基因产生大量黑色素，可以完全覆盖鞘翅，每一个等位基因产生的黑色素的位置是固定的。这11个等位基因对 S 呈显性，而且各自互不干涉。因此，两个不同显性等位基因的杂合体的黑色部位是这两个显性等位基因各自的纯合体的黑色部位的叠加。

当瓢虫从蛹中孵出时，整个鞘翅是黄色的。黄色区域由 S 等位基因控制，是否有黑斑则强烈依赖于发育温度。以后从边沿逐渐出现黑斑色素。色素区清晰的轮廓、等位基因的独立性、发育模式的时间性以及温度效应，

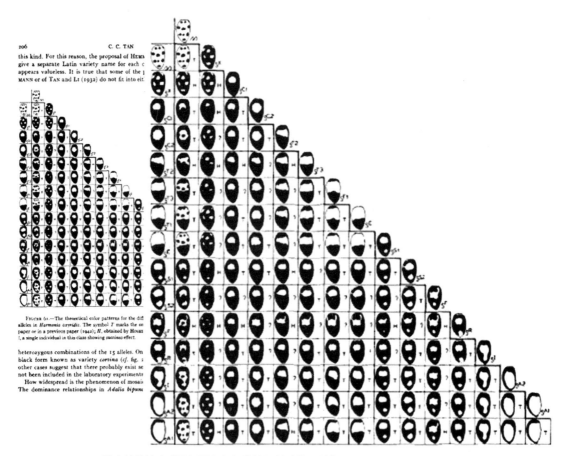

谈家桢的论文《异色瓢虫色斑嵌镶显性遗传理论》(部分节选样张和图表放大图)

使这种昆虫成为研究发育模式的一个好材料。

这一研究工作在当时吸引了很多人的注意,Dubinin(杜比宁)和Serebrovsky(舍波洛夫斯基)提过一个假说"分级等位性"来解释果蝇 *scute* 和 *achete* 等位基因的镶嵌显性,认为这种模式反映了基因的可分性。这一假说虽然解释了一些问题,但同时又引出了更多的问题。

可以注意到,当年讨论的话题绝大多数是关于发育模式,而不是基因的可分性,这无疑使谈家桢的研究处于这一领域的世界领先水平。

这是谈家桢经过大量的实验室工作、长达15年的潜心钻研,特别是在贵州湄潭期间,几乎无资料、文献等的战争条件下,取得的实验结论。在贝时璋先生的建议下,谈家桢将此现象命名为"镶嵌显性"。这项工作如果放至今日,也将是一件非常有难度的事情,难怪谈家桢的这篇论文一经发表,便得到了广泛的好评。

孟德尔的豌豆实验、摩尔根的果蝇研究、谈家桢采用瓢虫实验所得出的结论，无一不是指向各物种的一种遗传现象，而后的人类基因组计划更是证明了这一进化理论一贯性的侧面。孟德尔做了统计实验材料客观表达的艰苦工作，而摩尔根、谈家桢则利用不同的试验材料，使用了略先进的实验手段，从细胞水平上具体化了这一表达。我们可以在这一持续研究的漫长岁月或过程里，看到生物演化之精彩，看到进化在重复之中有其复制共性的一面和人们对生物进化不断深入的认识。推而广之，生物进化是有一定规律可循的。这些都是DNA大分子研究的前期工作与初探，是人类认识自然并积累的进步。

第2章

少年疑惑或困顿　生物学习与积累

1909年9月,谈家桢出生于浙江省宁波市的慈城镇。

慈城是浙江有名的小镇,离宁波不远,距离约19公里,靠近镇海。春秋时期,慈溪称句余、句章,为越国的东境。自公元738年(唐开元二十六年)立慈溪县开始(首任县令是名相房玄龄的孙子房琯),到解放后的1954年止,慈城一直是慈溪县的县治所在,在浙东一直有先慈城后宁波之说。

慈溪县书院众多,像位于城东汤山山麓的石坡书院、北山山麓的西溪书院、时刺峰麓的石峰书院、兵部尚书姚镆所创的阚峰书院、小北门外曾是冯柯讲学处的宝阴书院和菘生书院、都御史秦宗道讲学处的屿湖书院以及城北的溪湖精舍等。书院中最具影响的当数德润书院、溪湖书院、宝城书院三处。可谓满镇书香,读书文化深入人心。

明清时期,慈溪沿河遍植桂花树,花开时节,微风拂过,桂花落在小河水面上,金灿灿的,香满慈溪。书香花香满小城,慈溪怎能不留人? 这个重文范礼的小镇,以满城明清江南民居所形成的街市,伴着读书声和炊烟,孕育并传承着浙东文化气息。

谈家桢少时小名"阿犟",是个顽皮淘气的孩子。他喜欢跑到家外面去亲近自然,喜欢爬树,蹲下来看蚂蚁搬家,更喜欢赤脚下田捞蜊蚄、引黄鳝、捉螃蜞,是一个纯"自然"之子。也正是童年时期的"野",让谈家桢与故乡慈城得以广泛接触,耳濡目染,浸润着历史文化的余味,更让谈家桢亲近自然,从对草木枯荣、动物生死的细致观察和纯正感知中,得以萌生探索自然与生命科学的念头,还帮助他通晓瓢虫、蚜虫等的生活规律,初步训练了捕捉技术。

5岁后,谈家桢便随父亲开始学习《千字文》《百家姓》,读字识字,后又到私塾读书。先生教授的《千家诗》是谈家桢最愿意读的,因为先生教的《千家诗》更加有意思，还要大手把着小手练习书法，告知他写中国字的诀窍。讲解时要识字、写字、讲解每首诗的意境和每个短句的才思，诵读之中抑扬顿挫，让谈家桢更是喜欢，感觉这才像个学堂。古诗还需要背诵，很多文章则将单个字联系成单词和句子，变成有意思的意境和思想，使谈家桢非常兴奋。谈家桢记性特别好，许多文章都是过目不忘，并学着先生摇着大脑袋唱出来，引得先生也喜欢有加，更愿意教得多些。

有一回，先生教唐朝诗人王维写的一首古诗《鸟鸣涧》曰："人闲桂花落，夜静春山空。月出惊山鸟，时鸣春涧中。"谈家桢马上联想起慈城的满街桂花树和小河水面上漂浮着的金色桂花来，就说："先生，不对的，桂花是被风吹落的。"又道："夜里，小鸟都睡了，月亮出来哪里会叫？"先生刚才还沉浸在诗的意境之中，一下子被阿犟不经意地发问而惊得差一点将眼镜掉落地下。先生手握着书卷，目瞪口呆，一边扶正眼镜，一时不知如何将王维在写《鸟鸣涧》时的背景，以及优美的文辞意境予以表达，原本的好心情顷刻变得索然无味。阿犟却认真地眯着眼睛看着先生，希望得到答案。期间的静默，使学堂变得空旷并广阔，仿佛家乡沿河满街的桂花树，此时正环绕着学堂，而阿犟就是那只时鸣在学堂里的"山鸟"。

童年时的谈家桢，求知欲特别旺盛，对周围事物有出奇的留意和多一点观察，有一种特别强烈的"本源"意识，时不时会有童真的发问，更有不"刨根问底"不罢休的大不怕的气质。

后来可以看到，由于对周边事物的细致观察，谈家桢的头脑里自小就没有王维、陶渊明式的田园理想化的境界，也没有一般秀才们的自我陶醉，有的只是对现实问题的求解、对解决问题的方式方法的探究、对知识的渴望和一股自然的求真意识。他以后的专业学习、精深研究，和孩童时期的自觉培养与不断实践是密不可分的。

外公开的木匠铺也是阿犟经常光顾的地方。他看到外公和几个舅舅将粗糙的木料经过各种加工后很快变成美观光滑的木制品或家具，心生羡慕，也偷着拿起斧子劈起来，不料劈到左手大拇指的指甲盖，血流满手。大哭过后，他依旧缠住大人要学手艺，外公、舅舅教他正确使用斧子的要领，到后来他居然也能自己设计并做出像样的木工"生活"来。这种经历，对培养他日后从事科研的动手能力，是有极大的帮助的。

8岁后，谈家桢先后进入英美教会办的道本小学、斐迪学堂、东吴大学第三中学高中部。

在教会中学读书，常有不愉快的事情发生。比如，不管你信不信教，每天早晨都得例行公事地做祈祷，读圣经。教会办学除教授一般的数、理、化、常识等课程，普及知识外，其最终目的还是为了传教，但遇上谈家桢这样有主见、爱独立思考的学生，矛盾便会呈现。

《圣经》是重点课程之一，其"创世说"一节中，外籍教员告诉学生：上帝创造万事万物，六天创造了世界，第七天才休息，叫礼拜天。谈家桢听后感到很新奇，却觉得不大可能，又讲不出个所以然来。不相信，说不出，但决不迁就，随声附和，这是谈家桢自小犟头倔脑、爱独立思考的性格所形成的风格，即使为此挨训、挨整，也在所不惜。外籍教员上圣经课程，时常见谈家桢心不在焉，便有意捉弄，向他提问："人是谁创造的？"并要谈家桢起立回答。谈家桢不相信《圣经》上所提供的说辞或答案，但又囿于见识，"讲不出个所以然"，只能以沉默相抗衡。像这样简单的问题都回答不出来，教员是难以想象的，因为聪明的谈家桢是其他课目非常优秀的学生，所以大为光火，让少年谈家桢吃了一顿结结实实的"洋排头"，即用英语加以训斥。课后同学又纷纷讥笑他"呆"，明明《圣经》上有现成的答案，伊甸园、亚当、夏娃之类，背一遍就可以过关，何必去受这种"洋气"。谈家桢却不理这些，只是告诉同学："不，我不信。"又说："别看我现在讲不出来，但我相信将来一定能正确回答人是谁创造的这样的问题，你们看好了。"

进教会办的学堂不是一点好处也没有的，即便是《圣经》课程，由于外籍教员担任主讲，叽里呱啦全部是英语，听不懂也得硬着头皮听。同时，还要求学生能熟练地背诵"新约"、"旧约"，这就不光要能听得懂，还得开口说了。谈家桢起初真是感到非常困难，上课如同听天书，但没过多久便豁然贯通，不仅不再视听课为畏途，而且渐渐地也能以一口流利的"宁波英语"与教员交流了。虽然，那时的谈家桢还没有想到自己日后要出国留洋，但对父亲因不懂英文而不能在英国人办的邮局里得到重用，是非常清楚的，所以他立志要学好英文，长一点本事。

谈家桢在东吴中学时，见识更广了，思想也很活跃，加上他本就不是一个"死啃书本"的不问窗外事的学生，生性乐观豁达，为人热情，善交朋友，

东吴第三中学毕业照（1926年）

又好助人为乐,同学之间相处融洽。在这里又念了一年多高中,总计三个学期,每学期的各科学习成绩都是名列前茅,直至毕业,被保送至苏州东吴大学深造。

苏州东吴大学[1]是现苏州大学的前身,早年也是由美国基督教会所创办的,谈家桢作为东吴第三中学的优等生,被学校免试保送入学。谈家桢选择的专业是生物学。

进入东吴大学时,达尔文的进化论和孟德尔学说已经传入中国,并对中国的知识界产生影响。简单地说,1895年翻译出版的《天演论》应视作达尔文学说在中国广泛传播的发端。"天演论"实际为"进化论"的旧译,最早见于英国人赫胥黎所著《进化论与伦理学》,严复翻译了此书的前两章,然后又将自己的见解,写成按语和序言放在前面,以《天演论》这一书名于1898年正式出版发行,在国内广泛传播。

《天演论》[2]中的文字说:"人之先远矣,其始禽兽也,不知更几何世,而为山都,木客,又不知更几何年,为毛獠。经数万年之天演,而渐有今日,此不必深讳者也。自禽兽以至为人,其间物竞天择之用,无时而或休。"谈家桢读到此文,拍案叫绝之余,不禁想到:要是念中学时,自己能用这一段回

---

[1] 东吴大学当时与北京燕京大学、上海圣约翰大学、济南齐鲁大学、广州岭南大学等齐名。

东吴大学是美国基督教会在旧中国所办的一所大学,校址在苏州、上海两地。细细考证其历史,可追溯到1881年(光绪七年),美国监理会设中西书院于上海,1897年又设中西书院于苏州,1901年这两所书院合并为东吴大学,在苏州的为文理学院,在上海的则为法学院。

东吴大学生物系的创始人是一位美国生物学家,也是一位对洛克菲勒基金会的基金资助很有影响的科学规划领导人,他的中文名字叫祁天锡。由这样一位学界泰斗亲任生物系主任,使得东吴的师资力量和教育科研设备都在其他学校之上。谈家桢就读东吴时,生物系主任已由在美国康奈尔大学获得昆虫学博士后回国任教的胡经甫教授接任了。

东吴大学生物系在祁天锡的领导下,已开展了淡水生物研究、农作物研究、鸟类研究和实验室建设等具体工作。其中,淡水生物方面的研究是全国这一领域的发源,并培养了我国水生生物研究大家朱元鼎(东吴大学1920届理学专业)等一批学生。东吴大学的生物材料处是当时全国高校范围内唯一一家已有多样生物实物展示的场所,开了生物实物辅助教学的先河。

[2] 严复(1854—1921),中国近代启蒙思想家,有"中国西学第一人"之称。

自《天演论》出版后的十多年时间里,先后有三十余个版本,仅上海商务印书馆一个版本,在1905至1927年间,就发行了24次,足见其影响极广。

严复认为:与认识自然界的发展变化相比,当时的国人更迫切需要的是认识人类社会自身发展的规律。《天演论》便成了严复进行思想启蒙的工具。

至20世纪20年代,中国知识界由达尔文的《物种起源》及严复的《天演论》而引起的兴趣,扩大到对孟德尔新遗传思想的介绍与传播,有人认为,孟德尔遗传学说的出现标志着达尔文后新时代的到来。这实际上是人们对自然事物更进一步的了解与认识的进步过程。

答提问的话,那外籍教员不知会气成什么样呢。

谈家桢浏览群书,对刘雄所著的《遗传与优生》和陈寿凡所著的《人种改良学》印象深刻。中国人长期以来受到帝国主义列强的侵略和欺凌,并被斥为"东亚病夫",难道果真是"人种"有问题?黄种人真的是"劣等民族"吗?这些问题曾令满怀爱国激情的青年学子谈家桢寝食不安,因此就存下一个志向。他是这么思考的:如果遗传学真能解决一个人种改良问题,那么自己深入其中,探索奥秘,寻找途径,不也是一种救国救民的良策?当然,对一个刚刚接触一点生物学知识皮毛的大学生来说,要他真正搞清优生学的真谛也是不现实的,但那种因对生物学知识的特别敏感而油然萌生的求知热情,确成了他当年舍弃同样比较喜好的数学等专业,而一步跨进生物学门槛的最初动机。

大学里《进化遗传与优生学》课程的讲授人是非传教士的外籍教员泰斯克(Tasker)教授,上课的英文版讲义都是泰斯克教授自己编的。拿到讲义,谈家桢如获至宝,着迷并专注地投入,反复浏览、精读,在每个知识点甚至每一页上,都做了批注,有疑问,更多的是感慨,以致上课时已达到融会贯通的地步。由此及彼,结合《进化遗传与优生学》,谈家桢在图书馆里找到更多的"进化论"、"遗传学"、"优生学"方面的参考书,其中包括达尔文的原版《物种起源》。

大學四年級	李膽壬 陸漢英	優	等			大學四年級	何儁發 張玉藩	優 錢慈雲 吳正心	等 湯雪畦 談家楨	蔣憲清	朱孔容
		林澤人	郁國城	吳詩銘	馬兆椿						
大學三年級	李惠林 張夢白	鄒世德 沙烟劬	張恭溫	懷寶汝	談家楨						

1929年、1930年东吴大学优秀学生评选名单节选(苏州大学档案馆提供)

谈家桢在东吴大学的学习成绩单(北京大学档案馆提供)

一时间，就像大门瞬间打开，或阳光穿过阴霾，让谈家桢感到豁然开朗，他对诸如"人是谁创造的"等悬而未决的问题，利用新知识寻找到了科学的初步答案。

大学四年级时，谈家桢还担任了《普通生物学》和泰斯克教授的《比较解剖学》课程的实验课助教，同时还兼任桃坞中学生物课的老师。

在苏州的东吴大学文理学院，虽然校园不大，但花木扶疏，校舍整洁，是一个环境幽雅的所在。谈家桢在这种环境里，发奋苦读，只用了三年半的时间便修完了生物学专业四年的学分，取得理学学士学位。

东吴大学毕业照（1930年）

大学里的生活是丰富的，也是畅游知识海洋、刻画人格、历练人生并阶段总结的好地方。在东吴的四年，谈家桢除了学好学业、课程外，还积极参加各种社会活动与实践，借以锻炼并充实自己。

无论什么结果，当年的少年阿犟在东吴大学里，通过自己的努力，积极参与各项活动并得以提升，已然成长为青年谈家桢了。而在东吴大学的四年历练，也无疑成为中国未来摩尔根的训练场，使其终生难忘。

东吴大学网球锦标队全体成员，左二为谈家桢（1930年）

第3章

瓢虫世界乐无穷　遗传大师刚起步

东吴大学与燕京大学,在洛克菲勒基金会的影响和资助下,很早就建立了师生交流的校际关系,东吴大学每年挑选出有培养前途的学生直升燕京深造。

在生物教育方面,根据L.A. Schneider(斯切耐德)于1984年国际科学史大会上发布的论文《遗传学在中国》中的统计数字,从1921年到1933年,燕京生物系培养了22名硕士,其中有9名来自东吴大学。在此期间,洛氏基金会为其中的13名研究生提供过1至2年的助学金。1923年到1931年毕业的生物学硕士中,至少有3人继续攻读博士学位;1930年至1933年获得生物学硕士的11名学生中,至少有5人继续攻读博士学位。在8位博士生中,有4位是东吴大学毕业的。

谈家桢的老师、接任祁天锡教授出任东吴大学生物系主任的胡经甫博士,于1926年被燕京大学生物系聘为教授,并在两年后担任系主任。为了解决谈家桢读研究生的费用,胡经甫亲自带着谈家桢与洛氏基金会驻华代表,也是他的老师祁天锡教授见面倾谈,提出申请。也是祁天锡慧眼识才,在他的有力促进下,果然为谈家桢争取到了洛氏基金会的一笔资助,虽然费用不多,但足以使谈家桢在燕京大学安心完成研究生的学业[1]。

1930年秋,21岁的谈家桢告别父母,只身先到上海乘轮船至天津,再换

---

[1] 从一个世纪的历史角度看,中国遗传学家的培养,在经济背景上均未脱离洛氏基金会的影响。谈家桢自进燕京开始第一次接受洛氏基金,取得了联系,在以后20年里不断得到洛氏基金的资助,并依赖这些资金成功地进行遗传学研究,取得了一些成绩,从一般的资助者成为重点资助者。

至1970年代后期,中国开始改革开放,谈家桢与洛氏基金会的关系始终没有中断,基金会信任地多次接受谈家桢对学生们的引荐,并给出资助。几十年来,谈家桢利用洛氏基金,卓有成效地开展遗传学研究并为中国培养大批高级人才,在遗传学事业上做出了杰出的贡献,为洛氏基金会所首肯。

1991年,洛氏基金会认为谈家桢是基金会资助的外国学者中一个成功的典型,授予他洛氏基金会资助者榜样称号。

乘汽车到达北京。

谈家桢一到北京，就先拜访了胡经甫先生，在选择主修专业和导师等问题上征求老师的意见。胡经甫很看重谈家桢，有意让谈家桢作为他的研究生，主攻昆虫学。但是，谈家桢更愿意学习遗传学，立志要在这个领域做一番事业，所以向先生婉转陈言，说自己自小就有一个探究生命本源的梦想，此前已对达尔文等一些有关遗传与优生的学说，读了一些书，做过一些初步的探讨，此番来燕京，就是非常想在遗传学领域有所发展。胡经甫尊重学生的选择，连说："好好好，人各有志嘛。"他建议谈家桢从事以亚洲瓢虫为实验材料的遗传规律研究，并把他引荐给李汝祺教授。

那一年，李汝祺还不到40岁，正值一个科学家生命和事业的巅峰期，与谈家桢见面一谈，惊为天才，便当即表态说："欢迎你投身遗传学研究，至于这个硕士生导师么，也只能由我来担任了，不知你是否愿意？"谈家桢说："我愿意。"又说："我很高兴，也很荣幸能有机会，跟随李先生从事遗传学的研究。"

谈家桢就这样进入了李汝祺领导的实验室。

谈家桢在燕京大学研究生期间，所做的研究课题是由胡经甫提出的。

胡经甫希望谈家桢从事以亚洲瓢虫为实验材料进行色斑变异遗传规律的研究，这可能是与胡经甫毕生从事昆虫学研究有关。李汝祺对此表示认可，谈家桢的研究课题就这样定了下来。

谈家桢一开始的研究课题选择的实验材料（对象）便是瓢虫。

瓢虫在《辞海》中描述为：瓢虫，昆虫纲，鞘翅目，瓢虫科。体呈半球形，色多美丽，具斑纹等。"色多美丽，具斑纹"，这当然就便于观察，有什么变

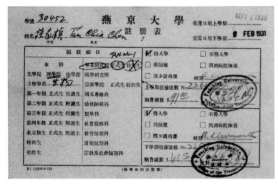

谈家桢在燕京大学第一学期的注册表与选课表（北京大学档案馆提供）

异，一对比就立见分晓。瓢虫的第二个优点是繁殖快，以蚜虫为食，成本也低。

白天，谈家桢跋涉在北京西山间的田野和山林里，为瓢虫捕捉饲料（蚜虫）；晚上他则进入实验室喂养瓢虫，对它们进行杂交试验，观察其后代形状的变异性情况，记录、分析与研究。每天工作14、15个小时是常有的事，但谈家桢感到其乐无穷。

一年半的时间内，谈家桢共采集了10 193只瓢虫，除517只的鞘翅色斑因"发育不够清楚"而未被使用外，其余9 676只中，1 648只具有带边，8 028只为纯黄色，带有不同数目的斑点。

瓢虫如不及时供应食物（蚜虫），它们之间会相互残杀，以大吃小。谈家桢一一将瓢虫编号，然后逐对进行杂交试验，观察纪录"子一代"、"子二代"……的性状变异情况。因瓢虫的个体很小，需要如绣花般的仔细与耐心，所费时间更是不可计数。

瓢虫生活的环境复杂，活动范围极广，且不像豌豆、水稻等已是经典遗传研究对象、能维持比较纯的品系，而是多为杂种，导致对其进行性状研究是一项很复杂、工作量浩大的工程。这期间，谈家桢通过实验室观察，发现瓢虫的色斑并不能在各个变种中稳定地遗传，说明它们并不是真正意义上的"种"。

为了进一步研究，同时将浩大的工作量简化，再思考是什么因素决定瓢虫鞘翅色斑的差异以及形态多样的色斑表现，谈家桢依据瓢虫色斑，将瓢虫分为四种基本类型：黄底型（var. *succinea* Hope），鞘翅底色为黄橙色，没有或者有不同数目的黑色斑点；二窗薄黑缘型（var. *aulica*），每瓣鞘翅边缘为黑色，中央有一个较大的橙色斑点；四窗厚黑缘型（var. *spectabilis*），每瓣鞘翅边缘为黑色，且黑边较粗，中央留有两个橙色斑点，上大下小；二窗厚黑缘型（var. *conspicua*），每瓣鞘翅边缘为黑色，且黑边较粗，中央有一个较小的橙色斑点。

正是这个依据瓢虫特有斑点（或性状）的分类，使得谈家桢的研究工作大为简化，且研究的方向成线形，指向性非常明确。这个实验研究设计思想，恰好与孟德尔的豌豆杂交选择简易区分的质量性状来揭示分离定律是一个道理。进而，谈家桢轻车熟路地展开了深入研究工作：通过杂交实验验证黄底型与其他三种黑缘型之间，以及不同黑缘型之间的遗传关系。

实验从利用野外收集的瓢虫培养与自交开始,结果发现野生的黄底型瓢虫的后代均是黄底型,没有分离和变异,斑点数目在自交系中也不发生改变,说明野生黄底型瓢虫是纯合个体。而黑缘型的自交F1代,出现两种情况:一种没有变异,全是黑缘型;另一种则出现了1/4的黄底型瓢虫。三种黑缘型的自交结果一致,说明野生的黑缘瓢虫有纯合,也有杂合的,且三种黑缘型相对黄底型,都是显性。

随后,进一步利用三种黑缘型两两杂交的方法分析不同黑缘型瓢虫之间的遗传关系,发现:不同黑缘型瓢虫杂交子代,并不符合孟德尔遗传比例(比如杂合子二窗厚黑缘型和杂合子四窗厚黑缘型的杂交子代,出现二窗厚黑缘型、四窗厚黑缘型以及黄底型三个类型,且比例为2:1:1);三种黑缘型似乎是由三对独立的等位基因决定的;这些基因之间存在上下位效应,共同调控鞘翅色斑的形成。

谈家桢用杂交的方法,分析瓢虫鞘翅色斑的种种类型,得出"纯黄色无黑点的所谓 *succinea* 亚种是纯种的隐性,带有黑边的具有三个亚种"等判断。"遗传学分析的结果表明以上三种性状,每一种都是由独立孟德尔遗传因子所支配,它们三者在遗传上的关系是上位的关系……","这些因子的上位关系是 *conspicua* > *spectabilis* > *Aulica* > *succinea*"等。这些都是谈家桢经过思考与系统分析后得出的初步结论,并在研究生论文中表述。

可见谈家桢初涉的研究工作,主要利用瓢虫作为实验材料,通过实验研究,以统计学为手段,从遗传学的角度重新审视并认识瓢虫色斑变异,结束了主观命名的分类方法。

当李汝祺教授看到谈家桢写就的《异色瓢虫生物学及其鞘翅色斑变异和遗传》[1]这篇论文后,对谈家桢真是深爱有加。他进一步指导谈家桢如何将这一长篇硕士论文,按不同的专题分拆成三篇各自独立的论文。

《异色瓢虫鞘翅色斑的变异》[2]、《异色瓢虫的生物学记录》[3]两篇论文,

---

[1] 谈家桢写就的硕士毕业论文是《异色瓢虫生物学及其鞘翅色斑变异和遗传》,并以此进行硕士毕业答辩。

[2] Tan, C.C.and Li, J.C. 1932.《Variations in the Color Patterns in the Lady-bird Beetles, *Ptychanatis axyridis* Pall(异色瓢虫鞘翅色斑的变异)》.Pek.Nat.Hist.Bull.,7:175—193.

[3] Tan, C.C. 1933.《Notes on the Biology of the Lady-bird Bettle, *Ptychanatis axyridis* Pall(异色瓢虫的生物学记录)》.Pek.Nat.Hist.Bull.,8:9—18.

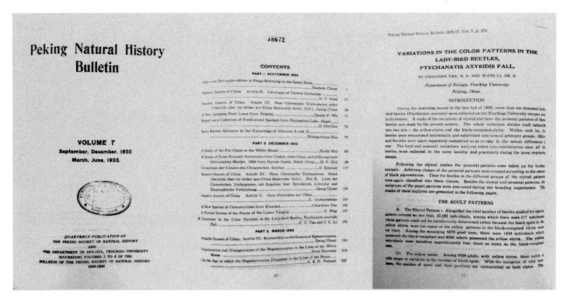

谈家桢、李汝祺共同发表于《北京自然历史公报》的论文样张

与导师李汝祺联合署名,在《北平自然历史公报》1932—1933卷和1933—1934卷上,公开发表。

另外,一篇最核心的论文《异色瓢虫鞘翅色斑的遗传》[1],由李汝祺教授直接推荐到摩尔根实验室,并在摩尔根、杜布赞斯基的极力推荐下,在美国的自然学者杂志1934年卷上公开发表(The American Naturalist, 68:252—265,1934)。

一份劳动就有一分收获。在东吴大学、燕京大学,谈家桢付出了自身刻苦的学习与积累,得到那么多人的帮助,更得到李汝祺教授的悉心指导,他仅用了一年半的时间,就完成了硕士研究论文并顺利通过答辩,于1932年春获取了硕士学位。

硕士生毕业前,谈家桢遇见已在北京协和医院工作的东吴大学施姓同学,施同学在纪念册上赫然写下"中国的摩尔根"六个大字,这让谈家桢心

---

[1] Tan, C.C. and Li, J.C. 1934.《Inheritance of the Elytral Color Patterns of the Lady-bird Bettle, *Harmonin axyridis* Pallas(异色瓢虫鞘翅色斑的遗传)》.〔美〕*Nat.*,68:252—265.

当时,国际上从事异色瓢虫色斑遗传研究,并富有成效的有日本的星野安姿(Hosino)、驹井卓(Komai)及俄国的杜布赞斯基等人,但谈家桢的工作最具特色。

事实上,正如谈家桢所预期的,摩尔根对《异色瓢虫鞘翅色斑的遗传》这篇论文给予了相当好的评价,并表示愿意接受谈家桢到摩尔根实验室继续攻读博士学位。摩尔根的助手杜布赞斯基不久后寄来了一封热情洋溢的信,对谈家桢已取得的成绩表示赞赏,又给予了超乎寻常的鼓励。

情久久不能平静。

谈家桢在大学不仅学到了专业知识,而且在众多大师级老师的言传身教下,潜移默化地具备了一个学者的基本素质、优秀品质,也学到了解决问题的技术与方法,获益良多。

谈家桢本人以优异成绩取得燕京大学生物学硕士学位后,马上被母校东吴大学生物系聘为讲师。燕京大学是一所学术空气极浓、著名学者荟萃的高等学府,两厢一比,东吴大学的师资力量与燕京自然不可同日而语,所以谈家桢感到肩上的压力很重很重。

谈家桢在东吴大学近两年的工作是出色的,他先后开设了《普通生物学》《遗传学》《比较解剖学》《优生学》《脊椎动物胚胎学》等多门课程。每门课程的备课、准备讲义、安排实验、查阅文献资料等工作,若放在一个人身上,纵有三头六臂也会手忙脚乱,难以应付,但谈家桢愣是以他扎实的基础和充沛的精力,认真地完成了。

洛氏基金会资助的科研项目是连贯的,谈家桢将它带到东吴大学。瓢虫研究项目要求他必须在出色地完成繁忙的教育教学任务外,还要付出大量的时间,继续科研工作,而且资助效果考核也有严格的程序。

东吴大学的"东吴生物材料处",看到谈家桢的瓢虫遗传色斑科研项目展示的实验样本,觉得瓢虫这种"色多美丽且具斑纹"的外形,太合适制作教学示范标本了,所以向谈家桢提出了以多态性异色瓢虫制作各类教学示范标本的要求。谈家桢随即指导学生按照要求进行设计和制作,做成了诸如"孟德尔3:1规律示意图"、"杂交、回交、色斑变异示意图"等多种实物标本教学演示,不仅满足了本校的教学工作需要,还满足了其他各地学校生物课程教学的需要。有些复杂的理论,一经以这种色彩斑纹明显的实物来演示,学生不仅一目了然,而且也大大提高了学习生物学课程的兴趣。

在他的学生之中,后来成为中国优秀的生物学家的有刘健康、郑思竞、沈毓凤、尤大寿、李琼池等。

谈家桢却并不满足于已取得的这一切,而是将自己置身于整个国家的遗传学事业中去了。他深知:与起步较早的西方国家相比,祖国在遗传学领域的落后状态是有目共睹的,这令自小就抱有"科学救国"志向的青年谈家桢心急如焚。不到被世人公认的遗传学科前沿阵地摩尔根实验室去探访一番,他是无论如何也不会甘心的。

第 4 章

美利坚深造遗传　摩尔根一脉理论

1934年8月14日,谈家桢于上海乘上道勒船务公司的"哈佛总统号"邮船取道日本,直驶美国。经过半个多月,在潮湿而微咸的海风的吹拂下,那艘"哈佛总统号"踏着波浪,终于横跨太平洋,带着抱有"科学救国"理想的谈家桢来到美国。此时,谈家桢一身"洪帮"西装,手提棕色小皮箱,风度翩翩地走下舷梯跳板,与前来迎接的杜布赞斯基教授握手相见。随后,由杜氏亲自驾车,到加利福尼亚帕萨迪纳城的加州理工学院。

美国对谈家桢来说真是既熟悉又陌生。说"熟悉"是指他从小就读于教会学校,接受的是美式教育,教员大都是美国人,尤其在东吴大学、燕京大学六年的学生生活条件与美国比较接近,所以这里的物质文明,他是比较熟悉的。这当然是表象的,实际上,面对十分发达的物质文明和巨大文化差异背后的美国社会,谈家桢还是感到陌生的。

好在谈家桢不会去特别关注周围的社会环境,只是一头扎进了加州理工学院那个著名的摩尔根实验室,专注于他自己的事业。1933年,67岁的摩尔根获得举世瞩目的诺贝尔奖[1],此时正是摩尔根实验室果蝇研究工作的旺盛时期。继国内前辈学者如陈桢、陈子英、李汝祺、卢惠霖、潘光旦之后,1934年来到这个实验室的谈家桢正逢其时,这是何等的幸运。

1934年,谈家桢进入摩尔根实验室时,摩尔根是加州理工学院生物系的第一任创建主任,并已经将"蝇室"带入加州理工超过6个年头了,同时展开了卓有成效的工作。68岁的摩尔根早已不再从事实验室的具体研究工作了,而成为一位非凡的科研组织管理者。虽然摩尔根是谈家桢的指导老师,但他把具体课题和指导事务全部交给了助手杜布赞斯基。在摩

摩尔根(Thomas Hunt Morgan)(1866—1946)

---

[1] 据查证,1933年摩尔根获诺贝尔奖后,因个人事务原因并没有出席当年的领奖典礼,而是在第二年初,顺道到斯德哥尔摩领取这个荣誉。荣誉对科学大家来说,是事业成功的过程,并没有那么重要。这个故事,可以告诉我们很多⋯⋯

尔根实验室中无处不在地体现着摩尔根的思想风格,给谈家桢留下了深刻的印象,并对他的日后事业产生了重大影响。

谈家桢通过各种途径,花了一定的时间,对摩尔根实验室的工作方法、成长与发展等诸多方面,做了详尽了解,特别是了解了主要研究人员的情况和他们主要从事的课题及研究方向、实验室内的科研设备及使用方法、实验室内一般采用的技术解决方案,等等。这样做,除了是要快速进

谈家桢与摩尔根教授在"蝇室"的合影(1935年)

入角色外,更重要的是融进实验室的日常工作的需要。

实验材料的选择,是实验遗传学研究首先考虑的问题之一。

黑腹果蝇[1]是谈家桢在加州理工学院的实验材料

---

[1] 黑腹果蝇在果蝇分类学中的拉丁学名为 *Drosophila melanogastar*。*Drosophila* 为属名,可以简写;*melanogastar* 为种名,不可以简写,且第一个字母必须小写。有趣的是:*Droso* 是露水的意思,*Phila* 则表示喜欢,所以 *Drosophila* 可理解为"喜欢露水";而 *melano* 译为黑色,*gastar* 意为"消化道",或俗称"肠子",故 *melanogastar* 可解为"黑色肠子",简称"黑肠"。

事实上,在清晨日出或傍晚日落时,且在潮湿有水源的草丛里,是黑腹果蝇的最佳生存环境。要观察黑肠特征可看果蝇幼虫,其全身几乎透明,刚羽化出来的成虫腹部中央黑肠明显可见,该黑肠特征大约在数小时后消失。据此,可以准确无误地判定用于果蝇杂交实验的雌性个体是否为"处女蝇"。

材料选择恰当与否，在一定程度上决定着实验的成败。摩尔根选择比某些动植物更为适合的果蝇为实验材料，进行生物遗传变异现象的研究。

实践证明，果蝇是一种很理想的遗传学实验材料。因为果蝇个体小（一只果蝇只有1/4寸长，50余万只果蝇的重量只有1磅）；易于在实验室饲养，培养费用低廉；繁殖能力强，世代周期短，从出生到性成熟，如果成长在25℃下，只需10天左右时间，一年可传30代，在短时间内就可以看到许多后代的出现，供考察和统计；果蝇细胞中含的染色体少（$2n=4 \sim 8$个染色体），幼虫的唾腺染色体是间期核中的大型多线染色体，具有明显的横纹，便于研究者研究染色体结构的细节，以利于发现其结构的演变。

果蝇的这些特点，使得人们可以在实验室里研究遗传进化，同时其遗传规律显得非常简明。从研究课题来说，谈家桢首先从种内和种间果蝇的染色体遗传结构及相应的细胞遗传图研究开始。

染色体遗传图，往往是实际的染色体结构的一个很好的反映，也是证明基因在染色体直线排列学说的基础。因为染色体遗传图表明，每个物种的许多基因，形成与染色体数相等的连锁群，每群成一个直线系统，在直线系统上用基因之间的交换百分率来表示它们之间的相对距离，这就有力地证明了基因在染色体上的相对位置，并确定基因依一定程序作直线排列。

遗传图的绘制，是当时生物学上最为艰巨的研究工作之一，它是一项复杂而又细致的研究工作。谈家桢首先接受这项经典性的工作，进行黑腹果蝇的染色体结构分析和遗传图的绘制。通过两年的努力，他完成了《果蝇常染色体细胞图》[1]和《果蝇常染色体遗传图》[2]等论文，并把后者作为他的博士论文，于1936年答辩且获得了通过。

这项工作，使谈家桢不仅学会了摩尔根实验室在细胞遗传学研究方面的各种手段和方法，并培养了作为一个实验遗传研究者必须具备的坚韧不拔的精神。两年博士期间，谈家桢以顽强的意志，刻苦地努力学习，前后竟有10多篇正式发表的论文，并通过论文答辩，获得了哲学博士学位。他时年26岁，在学术界已崭露头角。

---

[1] Tan, C.C. 1937.《The Cytologoical Maps of the Autosomes in *Drosophila pseudoobscura*（果蝇 *Drosophila pseudoobscura* 常染色体的细胞图）》. *Z.f.Zellf.u.Mik.Anat.*, 26: 439—461.

[2] Tan, C.C. 1936.《Genetic Maps of the Autosomes in *Drosophila pseudoobscura*（果蝇常染色体的遗传图）》. *Genetics*, 21: 796—807.

谈家桢取得这样的成绩与他强烈的求知欲望以及那种锲而不舍的精神是分不开的。谈家桢也因此养成一种品质，做什么事就得讲认真，凡是认定的事，千方百计地去做好，这一点在日后事业上，他的同行、同事和学生都能深深地感觉得到。同时，他还具备了两个先决条件：一是英文好，从小学、中学、大学到研究生期间，都是在教会学校读书和接受英文训练，在语言上已能运用自如，到了异国他乡并没感到有什么语言障碍，很快就能适应新的学习环境；二是出国前，特别是在燕京大学李汝祺教授沿袭摩尔根的"教而不包"指导下，培训、预习了扎实的基础知识和科研的思维逻辑，能迅速融入"蝇室"并从容地进行课题研究。

谈家桢刻苦并投入的治学精神以及优异的学习、科研成绩，赢得了包括摩尔根、杜布赞斯基在内的导师、同事、同学的普遍爱戴和尊敬，导师盛

谈家桢与导师杜布赞斯基[1]在实验室一角合影（1935年，美国加州理工学院）

---

[1] 西奥多休斯·杜布赞斯基（Theodosius Dobzhansky，1900—1975），是美国杰出的生物学家。他原籍苏联，1900年1月25日生于乌克兰的内米罗伏。1927年底，他接受洛克菲勒创办的国际教育委员会的资助，到纽约哥伦比亚大学摩尔根实验室工作，第二年应摩尔根邀请，到加州理工学院新建的生物系工作。1929年任遗传学助教，1936年已成为加州理工学院的遗传学教授。

谈家桢与杜布赞斯基是通过亚洲瓢虫的研究而联系在一起的。

亚洲瓢虫又称异色瓢虫，有特殊的地理分布区域。它分布于苏联阿尔泰山脉以东的广大地区及萨哈林岛（库页岛）、中国、朝鲜、日本等地。杜布赞斯基取材于贝格尔湖附近的霍尔茨克地区，研究这一地区亚洲瓢虫地理变异情况；而谈家桢采集北京西山地区的亚洲瓢虫，其《异色瓢虫鞘翅色斑的变异和遗传》论文在很大程度上受到杜布赞斯基于1924年在德国杂志上发表的相关文章的启发。1932年李汝祺将谈家桢的硕士论文推荐给摩尔根，杜布赞斯基审阅论文后表示极大兴趣，给予了高度评价。

情邀请他留在摩尔根实验室继续从事遗传学研究。谈家桢很是留恋自己的导师和同事、同学,以及良好的研究环境。留在国外,声望、地位很有可能会产生重大变化,展现在面前的是另一幅生活图景。但是,自小培养的"科学救国"思想和发展中国遗传学的志向,使得谈家桢感到中国遗传学的发展是自身的使命,时不我待,决心返回祖国。

杜布赞斯基见谈家桢决心已定,说了一个折中的提议,即谈家桢的留学再延长一年,随他一起继续研究工作,并希望按照他的研究路线做果蝇的种群遗传学工作。

1936—1937年,谈家桢继续留在摩尔根实验室从事博士后的研究工作。

期间,由于摩尔根实验室的研究领域的延伸与扩展,更由于谈家桢的直接指导老师杜布赞斯基在综合进化论上的很深造诣,他在老师指导下,利用当时在果蝇唾液腺巨大染色体上的发现,创造性地运用这种技术,分析果蝇的种内和种间遗传物质的结构及其变异情况和不同种间的亲缘关系,以及从事果蝇种间生殖隔离机制的研究,从而深入探讨进化机制。这方面发表的论文有《果蝇唾液腺染色体的鉴定》、《果蝇两个族的唾液腺染色体》、《果蝇两邻近种间的染色体结构的比较研究》、《杂种不孕性研究,两种果蝇基因排列程序的比较》、《用移植试验鉴定两种果蝇眼色基因的同源性与等位性》、《果蝇的晶红和橘红眼色在移植中的行为》、《鉴别果蝇不同族染色体的本质》及《两种果蝇间性隔离的遗传学》等十余篇。其中,有几篇是和他的导师以及合作研究者,如杜布赞斯基、斯特蒂文特共同发表的,有的是和来实验室进行短期研究访问的学者,如德国科学家、洛克菲勒基金资助者 G. Gottschewski 和同届博士生 D.F. Poulson 等人合作研究写成发表的。更多的论文则是独立写成的。论文先后发表在美、英、德、瑞士等国的学术刊物上。

虽然,谈家桢与杜布赞斯基在研究上都对亚洲瓢虫具有浓厚的兴趣,且都取得了一定的学术成就,但到了摩尔根实验室,两人都能快速融入"蝇室"。

当谈家桢加入时,正是唾液腺巨大染色体发现之时,斯特蒂文特和杜布赞斯基有兴趣研究唾液腺染色体变异的地理分布等课题,谈家桢在杜布赞斯基的指导下,第一个利用唾液腺染色体技术进行研究并绘制了遗传图、细胞图。

与此同时,谈家桢对种系差异在遗传结构上分化问题有着兴趣。斯特蒂文特曾发现在 X 染色体上存在着交换抑制因素,可能有逆位存在。谈家桢利用唾液腺染色体,首先对 A 与 B 两个亚种的唾液腺染色体进行分析。

结果,他证明了斯特蒂文特发现的在遗传交换上的抑制情况正是在X染色体上,右臂有着3个逆位,左臂有着1个逆位,且在2,3-染色体上各有1个逆位,这样在这两个亚种中共有4个较大的逆位,由此产生了抑制交换作用。接着,谈家桢与杜布赞斯基合作,利用唾液腺染色体的优点,进而研究 *D. pesudoobsura* 与亲缘关系稍远的 *D. miranda* 相杂交,发现在杂种体内有更多的差异,有逆位、易位、缺陷等,至少包括49个断裂点。

谈家桢与斯特蒂文特进一步合作研究,发现两个亚种亲缘关系更远而不能杂交,就利用突变的比较研究发现它们的基因排列程度的差异更大。这为日后谈家桢在进化问题上的研究打下了基础,使他对作为进化原材料的变异有更深层的认识,从而有力地冲击Goldschmidt所主张的有种内微进化和种间巨进化的差别的理论。

在"种"的定义问题上,杜布赞斯基与斯特蒂文特之间存在观点上的分歧,谈家桢作为他们两位的学生,曾在这个问题上起到"缓冲剂"的作用。

生物界存在着多样性,根据分类的阶梯,分成种、属、科、目、纲、门等。分类学家把"种"归在分类阶梯中的最低层次,也是生物多样性的一个基本单位,但是究竟什么是"种",即对"种"的定义在观点上不一致,原因在于不同生物学领域中"种"具有极不相同的含义。生物学家从不同专业角度来定义"种",往往是强调了一面而忽视了另一面,得出的结论大不一样,从而引起不断的争论。

斯特蒂文特在定义"种"的问题上,是从一个经典分类学家的角度,强调根据外在形态特征上的差异和实用目的来区分自然界的"种",由此而命名"种"的定义。杜布赞斯基不同意斯特蒂文特的观点,他认为定义"种",一定要根据物种的内在性差异,应该强调隔离机制来阐明"种"的定义。两人各执已见,争论不休[1]。

谈家桢在理解两位老师各持观点的真正含义基础上,参阅了文献资料,提出自己对"种"的理解,实际上是把他们两者的核心内容有机地结合起来。他认为"种"在形态上是存在着差别的,可以用遗传学方法分析其结构差别,"种"的分化逐渐地积累,达到一定程度后,一个"种"分化成不同的"种",

---

[1] 杜布赞斯基与斯特蒂文特对此的分歧,并未因谈家桢对"种"的新解而消除。1937年谈家桢回国后,他们两位又起新的争端,以至闹不愉快,直接导致杜布赞斯基在1940年离开"蝇室",回哥伦比亚大学任动物学教授,进行教学工作。

不同"种"的标准严格来说是生殖隔离。进一步,谈家桢较系统地陈述对"种"的理解:事实证明,"种"是客观存在的单位,不同的"种"有着质上的区别,主要可以归纳为两点:第一,"种"间有一定形态上和生理上的差异,其程度一般要比同种内个体间的差异为大;第二,种内个体间可以自由交配、繁殖,而不同"种"之间的个体则不能自由交配,或即使交配也不能顺利繁殖后代。由此看来,"种"是生物进化上的基本单位,它们仅是人为的单位。

美国科学院院士、威斯康辛大学遗传学教授詹姆斯(James F. Crow)在《遗传》(Genetics, 164:1—4, 2003)撰文说:这项研究工作的一个值得注意的结果,是用重叠倒位来推论不同染色体类型的种系发生。谈家桢也是研究性别隔离遗传基础的先驱之一。这项工作以及其他一些工作在杜布赞斯基的《遗传学和物种起源》[1]一书中都有概述。这本书出版后马上成为

---

[1] 杜布赞斯基以学识渊博、思想敏锐和具有卓越的综合才能,且笔耕不辍、论著不断等给谈家桢以榜样的印象。他一生从事遗传学和进化论等方面的研究近50年,发表论著十几部,发表论文600多篇,是20世纪著述最多、影响最大的科学家之一。

1937年杜布赞斯基出版了他的一部代表作《遗传学与物种起源(Genetics and the Origin of Species)》,这本书被学术界誉为20世纪的《物种起源》。这部著作是当代进化论的经典著作,它完成了遗传学知识和达尔文主义自然选择进化理论的现代综合,建立了现代综合进化论。杜布赞斯基成为实验群体遗传学的奠基人之一,做出了开拓性的贡献。

达尔文在《物种起源》中明确地提出了自然选择作为生物进化动力的学说。这个理论的确立,一方面是通过对自然现象的长期考察而得;另一方面是由于他在研究家养动物、植物起源问题时受到启发。但是达尔文的自然选择理论中,有一个很大的缺陷,连他自己也承认,由于遗传机制不明确,不能对生物变异的来源问题做出正确的论断。他还受到当时融合性遗传观念广泛流传的影响,所以在他的晚年就不知不觉地同意了拉马克的获得性状能遗传的主张而提出错误的泛生论。

与融合性遗传见解相对立的粒子性遗传学说,是根据孟德尔豌豆杂交试验所总结出来的遗传理论。1900年,埋没33年之久的孟德尔法则被再次发现。再发现的学者之一特伏里斯(DeVris)根据他多年从事的月见草杂交试验的结果,于1901年提出突变学说。这个学说认为生物进化的主要动力在于遗传的突然变异,这是DeVris的功绩。但是,DeVris片面地认为,新的物种只是由明显的巨大突然变异所产生,而忽视和抹杀了微小的、连续的突然变异在物种起源进化过程中的意义。这个观点也是不对的。现代遗传学家认为,对个体产生微小影响的变异,在进化过程中起着更经常、更重要的作用。

1910年后,摩尔根及其助手利用果蝇为材料,开始了细胞遗传学研究,经过接近20年的努力,搞清了细胞水平上的一系列遗传变异规律,诸如遗传粒子的直线排列、传递、连锁交换,各种畸变及点突变等问题。随之提出了两个根本性的问题:一个是这些粒子怎样在个体水平上起作用;另一个是这些粒子怎样在系统发生中起作用。前者属于个体水平,后者则属于群体水平。由于群体建筑在个体水平的基础上,群体的遗传规律除了服从个体的遗传规律外,还有它的独特性。英国著名的数理统计学家费希(Fisher)于1929年出版《自然选择的遗传理论(The Genetical Theory of Natural Selection)》,著名的生理学、生化学家霍尔丹(Haldane)于1932年出版《进化论的起因(The Causes of Evolution)》,美国的赖特(Wright)在1931年发表一篇论文《孟德尔式群体的进化(Evolution in Mendelian Populations)》。这些学者利用数学推导方法,进行一系列理论性的探讨,建立一系列数学模型,在理论上考察基因频(转下页)

经典著作,公认它是达尔文之后的一部最伟大的著作。

根据现代综合进化论的原理,现代进化论的研究是非常具有综合性的,它是以遗传学为中心,与分类学、形态学、生态学、生理学、生物化学、生物物理学、生物群落学、古生物学、地质学、人类学、考古学等各方面的研究有机地综合在一起。研究的重点已不在于为进化论寻找间接论据和以比较形态学为主的间接推断方法建立生物进化的各种"系统树",而在于用直接的实验方法研究进化的具体机制。

在《遗传学和物种起源》一书中,基本阐明了现代综合进化论的研究内容、范围和方法。到了20世纪40年代,与分子遗传学平行发展的群体遗传学,在理论和实验两方面都有了巨大的发展。杜布赞斯基对现代综合进化论的总结主要反映在该书的第二版(1941年)和第三版(1951年)上。此书的第四版因修改较多,改名为《Genetics and the Evolutionary Process》(1970年)。在此书的第一版中,已引用了谈家桢的一些重要论文。在第三版中,已把谈家桢在1946年发表的标志着谈家桢在科学上成熟顶峰的两篇重要论文反映在该书中。谈家桢有幸参与这本重要著作的形成,并通过自己的研究工作,特别是在隔离的遗传机制问题上,给杜布赞斯基综合进化理论提供了有力的论证。

杜布赞斯基给谈家桢留下的印象是一位富有创造力及具有综合能力的学者。他平易近人,慈祥坦诚,他以诚挚的热情和意趣盎然的个性对待学生。他喜欢学生叫他"Doby"。他也是一位品格高尚的学者,对于学生取得的成绩,感到无比高兴。在他的著作中,当引用他的学生的研究成果时,必注明原作者的名字。

三年的"蝇室"生涯,使谈家桢获得了一生科学事业中的重要"养料"。

在"蝇室"成员的心中,摩尔根既是老师、统帅,又是朋友。摩尔根一贯主张并身体力行地把周围的人团结起来,共同致力于研究工作。"蝇室"的

(接上页)率变化的各种情况;并用遗传学与自然选择结合的方法,奠定了进化遗传学的基础。在穆勒发现X射线诱发突变的事实后,就有可能对遗传粒子在进化上的作用进行实验性的探讨,所得的结果与数学上推导建立的模型相印证。在这个基础上,杜布赞斯基和赫胥黎分别进行总结,对过去被忽视的华莱士(Wallace)的隔离理论和特伏里斯的突变学说用充分的事实加以阐明、补充和修改,并同达尔文选择理论有机地结合起来,成为现代综合的新达尔文主义的核心内容。

杜布赞斯基说过这样的话:"如果不以进化的观点,任何生物学问题将是毫无意义的。"他的西班牙学生、著名遗传学家阿拉亚接着这句话说:"如果不以遗传学观点,任何生物学问题将是无法理解的。"

所有人,以摩尔根为中心,不分彼此,相互尊重,互谅互让,在那里看不到人际隔阂,看不到文人相轻,看不到师生界限。在工作、研究、讨论中,人人可以畅所欲言,独立发表自己的见解。有时,为了讨论一个观点,彼此间争得面红耳赤,却又充分感受到科学人格的独立,以及教学相长、互为补充的快感。于是,在这样一个群体中,所有人都不太在意发现一个新见解、新观点的荣誉归属问题。斯特蒂文特教授曾这样评价"蝇室"成员之间的关系:"每当我们中间出现一个新的成果或一种新思想或想法时,就会展开小范围的自由讨论,大家发表意见时并不着重去指明这种新观点或新成果的归属。这自然不只是因为不可能提出谁先拥有这种观点,而是在我们这里,大家感到这种指明无关紧要。我个人认为,我们几乎在某种程度上达到了互谅互让的关系,这理所应当地推进了工作。可以这样说,摩尔根的成就离不开他的研究集体,而他的助手和学生也分享了他的荣誉。"

摩尔根站在科学发展的高度上,以前瞻性的目光来构建未来的生物系。摩尔根认为,生物系应该具有现代思想、现代科学方法,应该把遗传、胚胎发育和进化问题有机地结合起来,在基础理论上解决系统发育和个体发展之间的关系及其从属的各种问题。在摩尔根的心目中,这正是生物学的根本问题。正是这个指导思想决定了"蝇室"在人才吸纳上不拘一格。

摩尔根的"蝇室"成员中,有被称为摩尔根三大弟子的诺贝尔奖金共同获得者:布里奇斯,斯特蒂文特,穆勒。除此而外,摩尔根还把荷兰著名植物学家文特(Went)的儿子小文特请到加州理工学院来研究植物的生长激素等问题。与此同时,摩尔根还请来了荷兰的植物生理学家东柯(Donk)和动物生理学家费斯曼(Wiersme)等。尽管摩尔根以果蝇作为实验用材进行遗传研究取得了很大成果,但他不局限于此,进而又引进玉米材料,以论证遗传规律的普遍性。于是,他又请来了玉米遗传学家爱默生(Emerson)的儿子小爱默生等。

先后到摩尔根实验室进行合作研究和交流访问的世界各国学者有:在1908年提出哈代-魏因勃定律的英国数学家哈代(Hardy,1877—1947),英国遗传学家、古典统计分析的创始人费希尔(Fisher,1890—1962),美国最早、最杰出的农业病理学家琼斯(Jones,1864—1945),美国遗传学家、群体遗传学创始人之一莱特(Wright,1889—1988),等等。

在20世纪30年代,摩尔根实验室已成为世界遗传学界的活动中心,这令年轻的谈家桢获益多多。在摩尔根实验室他与德国遗传学家包厄相识，并向包厄请教了染色体的操作技术，借助这一技术进行唾液腺染色体定位的基础性研究，在此基础上绘制成常染色体基因连锁和细胞图，进而在1936年完成了博士论文。

科学是一种协同的活动，每个人都在前辈的工作基础上添砖加瓦，又需在同辈间进行竞争性的协作。因此，对科学家来说，交流体系的作用是极其重要的，"它是科学方法的心脏"。我们就科学交流所能做的最有意义的概括是"它使种种思想在人们中间传播"。谈家桢深深体会到，在这段时间里通过非正式的交谈或座谈会等形式，使他有机会学习新的思想方法和新的实验技术，眼界豁然开朗，并通过协作研究，既在个人之间增加了相互的了解，又取长补短地提高了研究的质量，使他获益匪浅。不可想象，一个20世纪的科学家只囿于自己固有的小天地，孤独与偏狭地进行"闭门造车"，也能在科学前沿上有所突破。谈家桢日后在事业上成功的一个重要因素，就是在客观情况允许下，不断地汲取外来的营养以滋补自己，他在学术界拥有的朋友遍布全世界。

谈家桢年迈时，对学术界的动态仍耳聪目明。他作为国际、国内学术顾问，并不是倚老卖老地卖弄老资格，而是在综合了各方面信息的基础上，有的放矢地提出切实可行的意见。不能不说，这多半是获益于他的开放的信息系统。

在美国冷泉港结识植物遗传学家麦克林托克（McClintock）和罗慈（Rhoades）院士（1945年）

与沃森（Watson）、麦克林托克（McClintock）在冷泉港实验室合影（1978年）

1934年，谈家桢在摩尔根实验室第一次遇到长期从事玉米遗传学研究的美国遗传学家麦克林托克女士（McClintock，1902—1992）。她对谈家桢当年发表在美国《自然学者》杂志1934年卷上的《异色瓢虫鞘翅色斑的遗传》表示了关注。在长达一个暑期的接触里，无论是在实验室或在网球场的闲暇时，麦克林托克结合自己对玉米色斑"转座"理论研究的思路，告知谈家桢具体技术路线，并鼓励谈家桢对这一课题做进一步深入研究。

1946年在美做短期客座教授的谈家桢，到冷泉港实验室再度遇到麦克林托克时，将近年来的研究成果"异色瓢虫的鞘翅色斑嵌镶显性现象"告知麦克林托克，她立即表示这是一个重大的突破。

20世纪80年代，谈家桢访美期间，再次专程拜访了麦克林托克。她十分高兴地了解了谈家桢在嵌镶显性方面继续进行的研究工作情况，并谦逊地谈到，最初她在玉米色素斑点研究上提出的"控制因子"学说，是受到谈的论文启发。这位平易近人的杰出女科学家于1983年获得诺贝尔奖。

在这里不得不提的是，1983年麦克林托克获得诺贝尔生理和医学奖后，三联书店的编辑要求谈家桢为麦克林托克的传记《情有独钟》写序，谈家桢欣然允诺。在序中记述了一个鲜为人知的故事：1983年的上半年谈家桢推荐一位学生的文章给《自然》杂志，文章观点鲜明地预测并提出，麦克林托克应获诺贝尔奖。这个判断正是出自谈家桢对麦克林托克本人的了解和熟知其研究成果对整个生物学界的贡献，文章不久便正式发表。而随后传来的喜讯，证实了这一事实，让谈家桢和他的学生欣喜不已。

第5章

学成归来名与实　浙江大学识英才

谈家桢决定回国前夕，母校东吴大学来函，希望他仍回东吴大学任教，并支持他独立开设遗传学课程和研究工作。其实，谈家桢心里早有打算：从小学、中学、大学以至硕士、博士学位的取得，都是在洋人办的学校中度过的，如今学成回国，他不愿再进"洋气"充溢的环境中来实现事业上的抱负和"科学救国"的理想。于是，他谢绝了东吴大学的邀请。

谈家桢自己希望能到中央大学[1]或中央研究院[2]两个理想的单位之一，一个中国人自己的大学或研究单位去，扎扎实实地搞一些研究和教育教学工作。

遗憾的是，当时中国生物学界的带头人并没有意识到生物学科发展的端倪，以及进而充分认识到它将给生物学带来一种新的观点和新的方法，而是囿于并满足于传统研究的一面。

由此不难理解，谈家桢之所以受到如此冷淡及不被中央研究院动植物研究所接受，这并不是个人恩怨、好恶的关系，其原因是复杂的、多方面的。但有一点似乎可以认定，在20世纪30年代中国生物学界的分类学和实验学派之争的大环境中，可以看到，实验生物学引入中国是困难重重的。除了用于实验的经费短缺外，更主要的是观念上的变更。谈家桢从事的实验

---

[1] 在当时的中国，由国人主办的生物学研究所和大学，具代表性的有中国科学社的生物研究所及其衍生机构，即以研究植物分类学为主的北平静生生物调查所，还有中央研究所自然历史博物馆，以后改名为动植物研究所。大学有国立中央大学。

[2] 国立中央研究院于1928年4月在南京成立，前身为中华民国大学院中央研究院，它直隶于国民政府，为中华民国最高学术机构。首任院长为蔡元培。中央研究院下设总干事1人，干事3到5人。自1928年至1949年中华人民共和国成立时，相继上任的总干事有杨铨、丁燮林（代理）、丁文江、朱家骅、任鸿隽、傅斯年、叶企孙、李书华、萨本栋、钱临照等10人。他们直接受院长领导，执行全院行政事宜。中央研究院下设数学、天文、气象、物理、地质、动物、植物、历史、语言、社会科学、心理、工学、医学等13个研究所。当时，王家楫任国立中央大学生物系教授和国立中央研究院动植物研究所研究员兼所长。

遗传学想进入以形态、分类为主体的中央研究院动植物研究所，自然是一件不那么简单的事情。

正在苦恼无路之时，谈家桢在加州理工学院的同学朱元正[1]知道了这个情况，热情地向他提出为何不去国立浙江大学任教，他愿为此来帮助联系。

朱元正直接写信给他的老师胡刚复，主要介绍了谈家桢在美进行实验遗传学并取得成果的情况，详尽地介绍了谈家桢的才情与学识，特别说明了谈家桢是在加州理工学院的摩尔根实验室获得的博士学位，而且继续又做了一年博士后，这里的导师非常希望他留下来继续研究，而谈家桢深感祖国的遗传学事业急待有人开拓，才决定推却这里的热情挽留而决意回国。

胡刚复阅信后对谈家桢甚为欣赏。由胡刚复的推荐，不久，竺可桢[2]校长代表浙江大学给谈家桢寄来了聘书，聘谈家桢为浙江大学生物系二级正教授。

聘谈家桢为生物系二级正教授可以说是"破格"。因为，浙江大学对非校友而获得博士学位到校任职的，规定是以副教授的名义聘任起薪的。朱元正给胡刚复教授的信中，明确告知：谈家桢在摩尔根实验室获得博士学位，又进行了为期一年的博士后研究工作。按照浙江大学展开生物遗传研究的规划，正需要遗传学研究工作来提升生物系的教育教学、科研的全面发展，无疑谈家桢正是年轻、了解当今遗传学发展动向、有热情干事业的合适人选。更重要的是竺可桢校长爱才、识才，相中的人才就按博士后待遇起聘了。

谈家桢与竺可桢、胡刚复素不相识，既不是亲戚，也不是师生，从学派、体系等各方面都挂不上钩。再说朱元正也不是竺可桢真正意义上的入门弟子，仅是一般的师生关系。从这一点看，在竺可桢的思想里根本没有教会大学与国立大学这条鸿沟，有的只是"唯才是用"一个原则。幸运的谈家桢遇到的是一位"百年一遇"的、令人尊敬的竺可桢校长。

1937年7月，谈家桢走进位于庆春街大学路的浙大老校区，向竺可桢校

---

[1] 朱元正（字善培），物理学家，1900年出生于南京市。曾在南京高等师范学堂数理化专业学习，1924年毕业获得理学士学位。1934年报考江苏省公费留学，次年赴美入加州理工学院，攻读光谱学，1937年秋获博士学位。1939年冬，竺可桢聘朱元正为浙江大学教授，到广西宜山就任。

[2] 竺可桢（1890—1974），以气象研究所所长、知名科学家的身份，于1936年6月接任浙江大学校长之职。

长报到,热情诚恳、一派长者风度的竺校长为谈家桢介绍了当时浙大生物系的阵容:理学院院长胡刚复教授,生物系主任贝时璋教授,其他知名教授有蔡堡、张肇骞、张孟闻、仲崇信、王日玮、吴长春等,可谓今非昔比[1]。

令谈家桢深感安慰的是竺校长非常看重遗传学,认为这是一门新兴学科,发展前景不可限量,特别是在国内遗传学基础薄弱、教学科研人员相对缺乏的情况下。竺校长轻按谈家桢的肩膀,加重语气说:"寄希望于你啊,谈博士。我们浙大生物系能不能成为全国遗传科学的人才培养和研究基地[2],要看你的努力了。"

谈家桢着手计划:首先,要在浙大建立一座遗传学研究和教学实验室;其次,部署招收遗传学专业的学生和研究生,除当时燕京大学每年培养屈指可数的几个遗传学专业大学生外,其余大学还没有遗传学专业,考虑可从生物系、农学系等专业中挑选优秀学生;再者,要购买大量的有关遗传学和进化论学科的图书杂志,特别是经典性的著作应不惜代价从国外引进。谈家桢是有准备的,他告诉竺校长,关于购买并装备遗传学实验室仪器设备和购置图书杂志的经费,自己在离开美国之前,已经向洛氏基金会提出申请,洛氏基金会鉴于谈家桢学术上的实力和优秀的组织才能,并依据谈家桢在美期间利用基金在摩尔根实验室做出了出色的工作,同意继续积极支持他的科学研究并已承诺3 400美元的资助。

竺可桢校长、胡刚复院长、生物系主任贝时璋教授完全同意并表示全力支持谈家桢的计划。

1937年7月7日,日本军官借口中国守军不让他们通过卢沟桥进城搜寻一名失踪的士兵,竟然命令开枪,公然打响了全面入侵中国的第一枪。1937年8月13日,日军开始明目张胆地进攻上海,紧接着日军飞机轰炸杭州。谈家桢竟然在这种局势下,开始了全新的工作与生活。

---

[1] 1930年8月,贝时璋应聘浙大副教授(当时浙大没有设教授职位),并提前三个月到校筹建生物系。筹备期间,贝时璋主要做了三件事:画教育挂图,订购图书、仪器、药品,准备材料。学校还根据他的要求,确定新建的生物系以发展实验生物学为主要方向。

贝时璋(1903—2009),浙江宁波镇海人,1920年留学德国,1928年获图宾根大学自然科学博士学位,1929年回国。1930年经蔡翘、郭任远等人介绍,进入浙大工作。1933年,浙大又请来了植物学副教授范赉,自此生物系有了两位教员。

[2] 所说的"基地",也就是现在的"中心"、"专业学院"、"专业研究所∕院"等称谓。

第6章

浙大文军始长征　家桢科研亦努力

几经周折,谈家桢终于在1937年7月初,回到了几度梦回的故乡。在异国他乡三年之后,信步走在西湖边,深吸一口略带潮湿又有花香般甜味的空气,一种游子回到母亲身边那样熟悉的情感油然而生。水光潋滟,山色空蒙,一派美好景色的杭州,是一个人杰地灵的地方。在最早由中国人自己创办的大学,并在一个好校长领导下任职,这让谈家桢感到兴奋,立志要在这所学校里用平生所学,来开创一番事业并施展抱负。

谈家桢见过竺校长,并向他汇报了展开遗传学教育教学、科研的初步计划,尚未完全熟悉校园环境,国内形势却直转急下。1937年9月,在竺校长的带领下,浙大全校教授、学生、员工家属总计1 000余人所组成的知识分子队伍,历经抗日烽火,艰苦卓绝地开始辗转西迁办学。

浙大选定的第一个迁校点,是浙西富春江上游的建德县城。生物系的大本营设在建德文庙。谈家桢担任的课程主要有《遗传学》、《细胞学》。他分别向生物系、农学院的1937级新生作了讲授,并用两个月不到的时间,将一学期的课程内容全部结束。国难时期,一切都无法用常规来衡量了。聊以安慰的是,越是环境艰苦,人们越是团结与体谅,更加努力教学与学习,所以教学效果还是不错的。

1937年12月,杭州沦陷。日寇继续南下,建德县城内警报日多。浙大喘息未定,又要被迫再次迁徙。这次的目标是江西泰和,中途需要在水陆要冲吉安稍事停留。

浙大到达吉安后,借用白鹭洲中学。白鹭洲是个理想的读书胜地,在战时能找到这样的"世外桃源",真是很不容易。谈家桢一如既往,打开"百宝箱"就开始授课,主要是安排学生期终复习和考试,另外,继续野外考察和收集实验用材料,做他的科研与实验。

谈家桢在那时随身携带着一只大的木箱子[1],除了几件换洗衣服外,里面装的都是书、资料(包括以前关于瓢虫、果蝇遗传研究所积累的资料文献、实地考察报告)、相关标本、仪器,号称"百宝箱"。谈家桢在一路搬迁的间隙,稍作安顿,就打开箱子坚持科学研究。

浙大在吉安过了一个冬天。1938年3月中旬,谈家桢随学校再度南下迁到泰和县城郊穷乡僻壤的上田村。

稍稍安顿后,谈家桢又打开了"百宝箱"。在泰和上田村,谈家桢上了一个学期(约18周)的课,主讲的内容是细胞学。同时,他在祠堂那里搭了一个简陋的实验台,架上了显微镜,继续进行以果蝇为材料的细胞遗传学研究。这一时期,谈家桢找到一位得力助手盛祖嘉。

其后,白天师生两人在室外捕捉课题研究所需要的大量果蝇,但泰和地区的果蝇稀少且个小,一天下来,搞得筋疲力尽。晚上或闲暇时间,他们还要细心喂养果蝇并一一编号,仔细观察与记录。

上田村1938年的夏天,酷热难忍,谈家桢体胖又怕热,在显微镜前观察小东西时,干脆赤膊上阵,完全沉浸在研究的情境之中。而盛祖嘉身体瘦小,短裤赤膊,与老师在一起是一双"滑稽"的对比。时间一长,专心致志进行研究的赤膊教授,潜移默化地影响着盛祖嘉对科学研究的执著、认真、吃苦、甘于寂寞的精神力量认知,使他体会着"求是"两字的真实含义。

中国的土地上,此时已放不下一张平静的书桌。

1938年4月,台儿庄会战大捷,国人扬眉吐气。但是日军欲进行徐州会战,打通津浦线,借以报复。6月15日,日本决定是年秋侵占武汉。正当师生俩热火朝天地做着实验研究时,南昌失陷,日军接着占领九江,沿长江两岸西攻武汉,泰和眼见着也保不住了。浙大被迫第三次迁校。当时决定先迁桂北重镇广西宜山,再看形势发展而定。

1938年8月,按照浙大迁校委员会的部署,图书、仪器循赣水上溯入桂,师生则沿浙赣公路、浙桂铁路西行。一路上,困难重重,但全体师生员工团结一致,特别是受学校派遣负责押运图书、仪器的师生,时而帮船夫拉

---

[1] 其实,每个浙大的教师都有一个这样的大箱子。浙江大学竺可桢纪念馆里尚保存着竺可桢校长当年西迁时使用过的大木箱子。

纤,时而为船夫推船,一路遇空袭、遇触礁,经过无数劫难,历时40余天,在1938年10月底,大部分教职工和学生一起到达广西宜山。

1939年的春节,浙大师生就是在广西宜山白崖乡山脚下度过的。谈家桢培养的第一批学生是吴宝华(1938年毕业,后在杭州大学任生物系教授),第一批研究生是盛祖嘉、华冰寒。谈家桢把盛祖嘉留在身边,作为生物系的助教和助手,他的工资等费用都从谈家桢的研究专款中支付。

1939年在广西宜山,谈家桢所授的《遗传学》课程有学生30人左右:生物系仅有王祖农、张本华两人;病虫害系有尹莘芸、梁鹗、葛起新、萧柔、徐荫昌、唐觉;蚕桑系有许兆壁、沈维祥;园艺有蔡壬侯、赵荣琛、季恭俭、潘家苏、蔡致模、唐福圃、陈湘芸、朱维藩、蒋聪强;农艺系有林世成、郑长庚、朱德琳、熊重信、陈德植、乔礼秋、孟巨诛等。

1939年1月,日军开始南进,并占领了海南岛。11月展开"桂南会战",日军动员海陆空十余万人,由华南派遣军司令安藤吉利指挥,自北部湾开始攻击,向桂南突袭。南宁失陷后,宜山亦无法安宁。1940年3至4月,竺可桢通过遵义县长刘慕曾、湄潭县长严付泉联系落实校址等具体事项。最后,竺可桢综合了多方面的意见,特别是胡刚复先生的考察报告,确定第四次大迁徙的目的地是黔北交通要道遵义地区,并以贵州青岩、遵义、湄潭为浙大的落脚点。

从1937年9月始,浙大初迁浙江建德,再迁江西吉安、泰和,三迁广西宜山,到1940年初再迁往贵州遵义、湄潭、永兴建校,至此辗转5 000余里,其中有许多路程与当年红军长征路线基本吻合,到达终点又是遵义,因此称其为浙大的文军长征,实不为过。

值得一表的是,西迁的整个过程里,浙大运输的图书、仪器设备共计千余箱,到达贵州遵义、湄潭时,绝大部分图书没有遗失,仪器设备竟然没有损坏,堪称奇迹。

历史证明这个决策是正确的,它使浙大赢得了相对安静的环境和7年的时间。

谈家桢随学校全程经历长征,不仅在思想、感情上与浙大师生更加亲密,身体、意志也同样得到了磨炼,更主要的是通过亲历此次过程,从国难切肤之痛中提升并坚定了"科学救国"的理念,更自觉地投入到教学、科研之中。不仅是谈家桢,浙大的全体师生通过此次文军长征,或多或少都有这方面的情愫与感悟。

第7章

青山绿水好湄潭　东方剑桥誉海外

1940年2月,浙江大学全校搬迁至贵州遵义地区。

遵义当时是贵州北部的一个县城,后因中国工农红军在1935年1月长征途中在此召开遵义会议而闻名遐迩。当时,遵义全城人口不过20万人,黄褐色的三合土街面高低不平,是实在不起眼的一个小山城。

生物系被分配到一栋二层小楼,楼上还有一个阳台。谈家桢便在阳台上设计了一个实验台,打开"百宝箱",安置上显微镜,与盛祖嘉一起借着自然光观察,继续进行着有关瓢虫、果蝇遗传的研究。

浙大来到遵义时,大量租用民居,但毕竟遵义城小,容纳不了偌大的浙大。于是经过实地考察,在1940年秋,理学院的生物系、农学院被搬迁至遵义以东75公里的湄潭县城。浙大湄潭分校的办公室设在文庙,文庙外小广场的照壁上大书"国立浙江大学",大成殿为图书馆,东西两廊的空间为公

文庙外广场的照壁上大书"国立浙江大学"

大成殿为图书馆

共教室，钟楼、明伦堂成了部分学生宿舍。

浙大校区被分置在三处（贵阳青岩不计）：校本部和文、工两院住遵义；理、农两院住湄潭；师范学院六个系，分成文、理两组，文组留遵义，理组赴湄潭。这样安排的主要考虑是充分利用有限的教学设备、实验仪器等。一年级住在湄潭的永兴场。

遵义、湄潭、永兴三地相距一百多里，这样安排除了是因为遵义地区无法满足相对集中的学校用房要求，尚有其他安全方面的考虑。但由浙大校舍连成的"大学城"，这在全世界单个大学层面的历史上，是前所未有的。

生物系和理科研究所生物学部，设在遵义到湄潭公路旁的唐家祠堂。

唐家祠堂因年久失修而破败不堪，四面透风，摇摇欲坠。浙大生物系师生们自己动手，略为加固与修葺，便安排院内朝南一排房子分别辟为贝时璋动物实验室、罗宗洛植物生理实验室、张肇骞植物分类实验室、张孟闻动物学研究室等教授的实验室，谈家桢则取一间偏房来养瓢虫、果蝇，另外一间做学生实验用房，名曰细胞遗传实验室。另外，还有两大间学生用的实验室和专业图书室、药品仪器室，两小间可供做实验学生住宿的房间。

没有电灯，就用煤油灯；没有电灯、煤油灯，只能用陶制的高脚菜油或桐油灯。战时在山区煤油是极为宝贵的，那时在生物系里，只有谈家桢的研究生施履吉享有拥有灯罩以保持灯光不摇曳的煤油灯，因为他要在高倍的显微镜下观察蝗虫染色体的着丝粒结构，而其他教师则只能使用桐油灯照明了。

没有自来水，实验室就雇佣当地一位农民，从1.5千米外的湄江挑水，每天需要来回多次担回十多担，有的时候甚至达到二三十担。谈家桢则带领学生，土法上马地以木桶架设在离地6米左右，并用木架放置在高处来替代水塔。谈家桢在少年时期随外祖父学习的木匠手艺，在此时得到了施展。水塔还设置了高大的木梯，可使挑水的农民方便地将江水倒入水塔。湄江水看似清澈，但也需将河水用土法过滤后，才能代替自来水用于清洗试管及实验所需。

没有实验用冰箱、恒温箱，就挖地窖来代替。

果蝇冬天怕冷，夏天则在29℃以上便不能生育。所以，夏天得让果蝇在地窖里生活，冬天则需要恒温箱加热了。农学院植保系的陈鸿逵教授想到，把碳磨成粉并做成长条，放在地窖里替代恒温箱里的热源，点燃一端让火慢慢地燃到另一端来保持温度。有时候碳粉的量控制不好或失效，温度突然上升，果蝇免不了绝种，相关实验就此半途而废。

没有温室，使用略微透明的油纸代替玻璃搭建。

以竹管做成导管、瓦盆替代蒸发皿、竹签替代回形针等办法来解决实验用具短缺的问题。

难以想象，谈家桢等浙大的一干教授就是靠这些粗陋的实验设备与条件，来完成他们的各项研究。没有条件，就地取材并集体创造，亲力亲为。他们各自又专注地研究，心无旁骛，并能在实验中体会乐趣，从中总结出客观规律，得出相应的结论来印证理论与设想。

上面这张珍贵的照片是1940年浙江大学生物系当年毕业的部分学生与老师们的合影。可以从照片里解读出，贝时璋、谈家桢等人虽历经迁校之苦，但刚稳定下来的环境是他们内心中所期待的。教学与科研在这个团

浙大生物系教师与毕业生在遵义合影（1940年）
一排左四起为谈家桢、罗宗洛、蔡堡、张孟闻、贝时璋、蒋天鹤、盛祖嘉

谈家桢 与大学科研

唐家祠堂边、浙大农场牌坊前的浙大师生留影（1941年）
二排左一：盛祖嘉，左六起：谈家桢、江希明、蒋天鹤、贝时璋
一排左一起：施履吉、刘祖洞

体里是铁的任务，不可替代。谈家桢单手支着下巴、左脚翘起的动作，是整个教师团队里最突出的。

这张照片之珍贵，在于它是从1937年浙江大学迁校始到1941年这四年动荡时期内在生物系毕业的部分同学与老师的合影，背景是唐家祠堂边浙江大学在湄潭的农场基地。或许其中大部分学生没有这张照片，但影像却记录了这段历史。

1942年，浙大湄潭分校生物系成立研究所，全称为浙江大学研究所理科研究所生物学部，后改称生物学研究所，下设三个研究小组：贝时璋领导的实验形态学，罗宗洛领导的植物生理学，谈家桢领导的遗传学。除招收国内研究生外，还有印度研究生。

谈家桢的研究团队主要以亚洲瓢虫、果蝇为实验材料，进行经典性群体遗传学研究。

在贵州遵义、湄潭地区捕捉到的异色瓢虫，代表着我国西南地区的地理变异遗传类型。此外，他们还对果蝇进行性比测定、地理变异和季节性变化的测定。

谈家桢在湄潭期间，前后有多位研究生在他的实验室里学习和工作。

从1940年起就跟随着谈家桢的盛祖嘉，1941年升为助教。那时，他一面在唐家祠堂里继续"果蝇基因的定位"研究，另一面在永兴的农学院兼课，并将研究的初步成果发表在《果蝇研究通讯》上，写了一篇通讯论文。

第二位是施履吉。他于浙大农学院毕业后，进入谈家桢实验室做研究生兼助手，是一位学习刻苦、富有创新能力，可谓"心灵手巧"的实干家。由于浙大助教名额有限，工资无法着落，在盛祖嘉升任助教后，原给盛祖嘉的洛氏基金项目下的一份工资，转给了施履吉。

1941年徐道觉从大学本科毕业。徐道觉与施履吉是同一个班级的，毕业后先在广西农学院当李景钧教授的助教，后要求到谈家桢实验室工作。他那时已经申请了洛氏基金会研究基金，这笔钱足够支付他日常的研究和生活费用。

1940年末的一个晚上，大四学生徐道觉到蔡邦华教授家请教有关昆虫方面的问题，顺便请教毕业后的工作事宜。恰巧谈家桢与蔡邦华两人住在一套房子，徐道觉登门造访时，两位教授正在前院聊天。谈家桢便告诉徐道觉他正在研究瓢虫，而又需要一名有昆虫学背景知识的助手。谈家桢在教授课程《细胞学》时，对徐道觉就有印象，因为他是少数能得A分的学生。徐道觉是个非常有悟性的学生，对昆虫学的学习十分轻松，他随后发觉这门学科大部分是描述性的，而对生物最基本的方面讲述不够，换句话说，昆虫学的知识不够他"塞牙缝"的。选修了谈家桢的遗传学课程后，第一次知道生物学是能够通过实验室工作定量地测量实验结果并进行数据分析的，且课程修完后得了全班唯一最高的B分，感到异常兴奋，因而早已有改学遗传学知识的愿望。徐道觉随即要求到谈家桢实验室工作，于是两厢一拍即合。

徐道觉本身是学昆虫学的，专业知识扎实，为人热心，在野外采集时，一眼能辨别众多昆虫，自然赢得了包括唐觉在内的许多同学的拥戴。徐道觉、唐觉、葛起新、李学骝走得比较近，在农场食堂就餐时四人一桌，朝夕相处,晚上一起自修、做功课,不到午夜不就寝。休息日多做野外采集。唐觉受命建立昆虫标本室,徐道觉就出主意并帮助设计,将过去所采集在三角纸袋内保存完好的标本,逐渐软化针插整姿展翅,干燥后以分类系统,即按分目、分科,插入玻璃面板的木制盒内。经过几年的积累,所藏昆虫可观,且有众多珍稀种类,后在湄潭还开过一个"昆虫世界"展示会。抗战胜利后,这些标本经妥善包装,运返杭州。

徐道觉加入谈家桢实验室的第一项任务,是去广西采集瓢虫。在柳州的一处小松林里有数不清的瓢虫,徐道觉很快将带去的标本管装满了成虫和蛹,立即返回湄潭。

徐道觉在谈家桢实验室里,很快学会了利用果蝇、摇蚊(*Chironomus*)做实验材料,使用压片法观察唾腺染色体。他第一篇用英文发表的论文,就是关于摇蚊的唾腺染色体的。他发现在第Ⅱ号染色体的一个座位上,泡(pull)存在多样性:无泡、杂合泡、全泡。这些遗传变异出现的频率,服从哈迪-温伯格(Hardy-Weinberg)定律。几年后比尔曼(Wolfgang Beermann)告诉徐道觉,在那个座位上无泡的昆虫不能在它们的唾腺里合成某种蛋白质。

在研究多线染色体的时候,从显微镜里徐道觉亲眼看到了染色体,他感到非常快乐,并希望能更多地了解。随后,他转向研究染色体的减数分裂,在湄潭易得的实验材料中选择了蝗虫和植物。蝗虫(*Phloeoba infumata*)的减数分裂过程使徐道觉大开眼界,直到现今都叹服显微镜下这美丽的形态。于是他与刘祖洞一起合作,发现在某些标本里有额外的细小常染色体。通过研究获得的所有种群都有三个基因型:正常(2N♂=23),多一个(2N+1=24),多两个(2N+2=25)。在减数分裂时,两个微小染色体组成一个二价体,并正常分离。他们进而得到了六个种群的数据,刘祖洞做了数学分析,并合作写成一篇论文。1948年徐道觉到美国留学时,把论文稿件交给《进化》杂志编辑迈尔教授(Emst Mayr),迈尔则将论文寄给了芝加哥大学的莱特教授(Sewall Wright)并请他审阅(莱特是群体遗传学和生化遗传学的权威)。一周后徐道觉收到莱特长达7页,且不隔行打印的回信,信中极细致地分析了论文中的数据,指出使用不同的方程得到的结论是不对的,并列举了六种其他的可能性,要求增加更多的数据来看符合哪一种可能。让徐道觉感动的是,莱特能花一周的时间给陌生的中国留学生提建议,感觉有点不可思议。再过数年,在巴港(Bar Harbor)召开的一次会议上,徐道觉遇见莱特教授,再次表达了谢意,并告诉他无法继续建议所说工作,因为已不能回中国。于是,与刘祖洞合作的这篇论文至今无法发表,成为遗憾。

1942年毕业于广西农学院的刘祖洞,经徐道觉的介绍进入谈家桢实验室当研究生,同时在浙大附中教生物学,后又留任浙大。刘祖洞解放前夕去美国攻读博士学位,开始从事哺乳动物遗传学研究,后搞人类遗传学。由于刘祖洞数学基础厚实,又善于实验操作,结合人类遗传学的家系分析,在动物、人类遗传学方面的研究成绩显著,为开拓和发展中国的人类和医学遗传学做出了很大的贡献。

因盛祖嘉、施履吉、徐道觉、刘祖洞在谈家桢的第一代研究生里,各自都有"独门绝技",在各自从事的遗传学领域里建树颇深,所以被后人戏称为"四大金刚"。

第二代研究生有甘尚树、陈瑞娟(女)、项维[1]、张本华、雷宏椒、陈瑞棠、顾国彦等人。

至此,唐家祠堂的谈家桢实验室有了那么多意气风发的年轻学者,师兄学妹相互帮助,研究工作搞得很热闹。例如,细胞学技术就由施履吉、刘祖洞教。

为了果蝇细胞遗传学实验研究,大家去野外采集果蝇。可到了冬天,如何让这些果蝇过冬,却把学生们难住了。通过实践与请教,他们想到挖地窖,上面铺上灰泥、炭精等材料并做到及时更换,以人工控制温度和湿度。时常也通过燃烧炭精条的方法来加温。一个冬天下来,仍死了不少果蝇。这个时间段,学生们花了许多时间进行果蝇养殖、分类、杂交、编号、制片、细胞学研究等大量基础性工作。

为进行瓢虫色斑遗传研究,学生们要到山沟、田野去采集瓢虫。瓢虫需要吃蚜虫,还要花大力气去捉蚜虫来喂瓢虫。天气渐冷,蚜虫找不到了,瓢

---

[1] 当时,印度与重庆政府有文化交流协定,按照协定印度政府派遣两名留学生到浙大:一位跟随数学系陈建功教授;另一位就是甘尚树(Kahn),他作为谈家桢的入室弟子,学习植物细胞遗传学,两年后回国。印巴分治后,甘尚树出任巴基斯坦一所农学院院长。

陈瑞娟是浙大一位历史系教授的侄女。

1944年,从浙大农学院毕业的项维,先随美国远征队驻云南的"飞虎队"指挥陈纳德将军做翻译,后转投谈家桢实验室,从事细胞遗传学的研究。

虫生存就有问题。谈家桢和几代学生们，都花了大力气进行配制瓢虫的人工饲料的工作。

在进行显微镜观察之前，先要制作专业观察片。施履吉做的制片是最好的，已经是谈家桢助教的盛祖嘉常常感叹，他也按照施履吉教他的程序和要求来做，但做出的制片质量始终不如施履吉的制片。难怪，当年沪江大学刘廷尉教授来访时，看了施履吉制备的染色体标本，连呼"Beauty"不止。

这个故事不仅体现了施履吉有一双巧手，更主要的是体现了师生之间相互学习、研究的氛围。

谈家桢在这艰难的岁月里，已经从一个年轻的学者、遗传学的研究者，在浙大竺校长倡导的"不图虚名、不尚浮夸、敦厚淳朴、实事求是"的"求是"精神感召下，一以贯之地深入研究和不断总结，逐渐转型为一个遗传学专家、生物学教育家。谈家桢在遗传学研究和指导研究生的工作中，坚持"教而不包"的理念，提倡学习并专业、精深地钻研，讲究细节。这些为他的学生们所接受并有表达。

浙大生物系的教师们群体性地做了开创性的科学研究工作，这在当时贵州湄潭乡间这种艰难困苦的条件下，是不可思议的，却又是摆在人们面前的事实。

特别是谈家桢在1944年春发现的瓢虫嵌镶（mosaic）显性现象，而后又经过更为艰苦的实验验证、理论分析工作，最终总结得到最具代表性的成就。

1944年10月，英国文化学会派李约瑟教授来浙江大学参加中国科学社的30周年年会。

李约瑟博士在后来著述的《科学前哨》[1]一书中记述：在湄潭，研究工作是活跃的。生物系正在进行着腔肠动物生殖作用的诱导现象和昆虫内分泌等研究。这里关于甲虫类瓢虫所有奇异的色彩因素的遗传方面的工作，在美国已引起很大的兴趣……李约瑟博士所记录的正是浙大生物系三个研究所领军人所做的工作。《科学前哨（*Science Outpost*）》实录了浙大在战时内地艰苦奋斗并培育人才、献身科学研究的动人场景与精神，书中盛赞浙大为"东方的剑桥"。

---

[1] 此书英文版1948年由英国伦敦先驱出版社出版，日文版1986年由日本东京平凡社出版。

第8章

布衣学者爱国心　缘起科学与求是

1945—1946年,哥伦比亚大学通过洛氏基金会邀请谈家桢赴美任该校的客座教授。途径印度时,因为要在那里等去美国的邮轮,所以应他的印度学生甘尚树之邀,提前几天到加尔各答大学,作系统的进化遗传学专题演讲。

印度之行后,谈家桢顺道到埃及开罗,参与专业会议并参观古迹。

有趣的是,年轻的谈家桢与同路的中央社记者毛树清、陆某某两君共三人,在埃及开罗下榻的旅馆前,仿波茨坦会议三巨头的样子,拍了一张合影。很难想象谈家桢是何等的心情,但此时的举动,分明表达着历经八年抗战并取得胜利时作为一个中国人的自豪。自己事业初成,又得到世界同行的认可,更能得到美国哥伦比亚大学的邀请,明天与未来可期。

在埃及开罗参观胡佛金字塔(1945年)

谈家桢(中)与毛树清等在下榻的旅馆合影[1]

---

[1] 由于时间久远和照片保存问题,1945年谈家桢在埃及开罗参观胡佛金字塔的照片比较模糊,在下榻的旅馆前三人合影的照片,也因保存不善照片后面的字迹不清。

谈家桢到了美国以后，东、西部的各大学都邀请他去访问与演讲。借此机会他与美国遗传学界的众多知名学者接触并进行了广泛交流，为日后工作打下了厚实的基础。

1945年夏在纽约，谈家桢与导师杜布赞斯基再次相遇，并与杜布赞斯基等共同发起成立国际进化研究学会。这次师生重逢，令双方都欣喜不已。除聊了各自近况、课题进展和遗传学发展方向等问题外，谈家桢向杜布赞斯基郑重地推出了自己在浙大培养的四位得意门生，即也被称为"四大金刚"的盛祖嘉、施履吉、徐道觉和刘祖洞。他表示希望四位学生能像自己一样，在杜布赞斯基的帮助下，来美国深造，成为日后遗传学各分支领域中的佼佼者。

谈家桢视学生如同己出的孩子，不仅在学习、实验、科研上予以悉心指导，倾注心血，希望个个成材，有所建树，日后成为中国遗传学事业的"中流砥柱"，为中国的科学技术事业发展做一点贡献；同时，他也对学生的前途、生活给予无微不至的关心、帮助。日后的事实证明了盛祖嘉、施履吉、徐道觉和刘祖洞等学生，都具备了谈家桢期许的科研能力和敬业精神。

在谈家桢的四大弟子里，科研方向虽各有侧重，能力可谓不分伯仲。徐道觉在美国的学术研究取得丰富的成果，不难发现是源于他连续不断的、持之以恒的研究。反观现在的中国大学，年轻的俊才比比皆是，他们共同的特点是基础理论扎实或熟悉，工作热情高涨，能力都不差，问题是近年来很少有年轻人专有的、独创的理论方法、技术专利等诸多方面的全面突破。这不由得让教育系统的所有人来思考。

事实上，科研也有一个传承问题。没有一个大师级的导师引领或指导，学生本人很难在短时间内了解本学科的历史和前沿课题，以及研究领域相关的各项理论与技术；而学生自己感兴趣的问题，往往是前人已经做过的工作，却因知识范畴的缺失，重复了过往的探究。如果科研"基因"没有得到传承，怎么可能达到"突变"的科研创新呢？专业知识的学习是如此，大学科研、社会文化传承也是如此。推而广之，如果没有一位好导师，学生再有天份，只能做部分的重复工作，换句话说，只能做一些传承的工作；反之，有了好的先生，学生自己不刻苦努力，荒废青春，又不善于思考与发问，怎能做好学问呢？

万事万物皆有学问。这里说的"学问"，如果放在大学的领域里，"学"

一般可以理解为专业知识的学习,有传承的概念;而"问"的理解就更为复杂,常规并宽泛地说是"不懂就问",是科研前的准备,是学习专业知识后的思考,是对一般专业知识学习后的积累,是科研创新前的基本工作。从这个角度来理解的话,学生的大学作业、实习报告、课业论文、毕业论文,就是学生阶段的科研。

谈家桢利用在美国哥伦比亚大学讲课的不到一年时间里,前后把盛祖嘉、沈仁权(盛祖嘉夫人)、施履吉、徐道觉、刘祖洞五位学生送出去深造,这不只是单纯履行了一个做老师的职责,更是为实现自己的宏愿而积蓄人才。谈家桢认为:要在基础薄弱的中国发展遗传学,首先是要有人才,学生出国深造,在国外学习先进科学和技术,有朝一日学成回国,就可以为我所用,这样可以多方面跟踪生物范畴内科学研究的国际先进水平。他希望:学生可以学得宽一点,今后在国内可填补专业上的空白。

当年,谈家桢未能留在美国与杜布赞斯基一起从事果蝇群体遗传学研究,杜氏一直引以为憾事。此次,他满心希望让谈家桢的学生当自己的助手,重续前缘。这虽是一厢情愿,也属情理之中。而当时现实情况是,微生物遗传学、人体遗传学已是遗传学发展的方向,这两个领域在国内均属空白。在谈家桢和杜布赞斯基之间,是一场心理或想法上的冲突。从感情上,他完全同情杜氏的设想,但从理智上说或从发展中国遗传科学事业的角度评判,他觉得应该根据四位学生的自身特长,高屋建瓴,在专业问题上从善而择。根据"四大金刚"各自的特点,谈家桢支持盛祖嘉改学微生物遗传学,施履吉从事细胞技术研究,徐道觉改学肿瘤遗传学,刘祖洞搞人体遗传学、数量遗传学。

施履吉在晚年回忆此事时,并在中央电视台《大家》栏目报道谈家桢的专题里,说到自己的兴趣是细胞生物学和发育生物学研究,到了美国后改变了原来计划的果蝇遗传研究课题,引起杜布赞斯基与谈家桢之间的不愉快,至今感到愧疚,更感到对不起谈家桢。而谈家桢却很包容地将此事全部揽在自己身上,支持学生的兴趣,实在是以爱之心对待。他从不因自己的原因对学生恶语相向,从而赢得了众多学生的拥戴。

谈家桢的决定,自然引起杜布赞斯基的不快或不理解。直到1948年谈家桢再度访美时,杜氏对此事仍不释怀。从谈家桢而言,自是唯能感叹"国家事、师生谊,难以两全"了。

在美期间除讲学外，他对嵌镶显性现象的规律做进一步的研究和规整、总结，终于完成了这一新现象的理论研究总结工作，并在1946年发表了《异色瓢虫色斑遗传中的嵌镶显性》。这篇论文引起国际遗传学界的巨大反响，认为是丰富和发展了摩尔根遗传学说。

异色瓢虫嵌镶显性遗传理论符合孟德尔遗传内容，并做了重要的补充与完善。这个理论不仅只对亚洲瓢虫遗传显性有普遍的理论指导意义，而且存在于其他物种的某种性状遗传中。比较有代表性的是果蝇刚毛性状：果蝇的 scute 和 achaete 突变体，表现为部分刚毛缺陷，但是不同突变亚型果蝇的刚毛缺陷各不同。

1933年，Dubinin等人用阶段等位性（step allelomorphism）来解释这一现象，认为这两个基因内部可以分割成更小的遗传单位，负责不同的刚毛性状。但是，这个基于基因可分的理论，存在许多漏洞，并没有得到普遍认可。

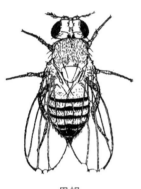

果蝇

谈家桢的"嵌镶显性"理论，能够解释果蝇的不同刚毛缺陷

直至谈家桢提出了"嵌镶显性"的理论概念后，遗传学家们才意识到：不同刚毛缺陷的果蝇，实际上是不同形式的等位基因嵌镶显性遗传的结果。尽管果蝇的遗传分析与科研的发展远远超前异色瓢虫，但谈家桢在没有任何分子遗传学数据帮助的情况，超前地提出了嵌镶显性理论，从而大大推动了遗传学的发展。

多年后，芝加哥大学的吴仲义教授在评价谈家桢所做的科研工作时，如此说："事实上，在我们今日的很多研究中，我们目前正在使用先进的聚合酶连锁反应、重组脱氧核糖核酸与基因组等技术、方法来测试，而实验的问题与结果，往往只是用新的办法来重新证实70多年前，谈家桢已经观察到的遗传现象及理论是对的。"

访美期间，谈家桢又应英国文化委员会会长李约瑟的邀请，去英国、法国、瑞士等国做学术交流。1946年秋后，谈家桢带着洛氏基金会资助的费用，采购了一批图书、仪器等，由纽约出发，取道巴拿马运河，回到抗战胜利后的杭州。其中，谈家桢从美国带回一台冰箱，送给浙江大学生物系使用，经1952年院系调整，先转到浙江师范学院，后又到杭州大学，直到1980年还在杭州大学生物系发挥着作用。

从1937年至1948年的10年间，谈家桢也没有辜负竺可桢校长在1937年秋对他讲的那番嘱托。谈家桢所带的研究生有盛祖嘉、施履吉、徐道觉、刘祖洞、华冰寒、甘尚树（印）、陈瑞娟（女）、项维、张本华、雷宏椒、陈瑞棠、顾国彦、季道藩、汪丽泉、唐觉、葛起新、沈德绪等共18位。这些研究生中，又有很多出国留学深造，后来都成为著名学者，也有的成为中国科学院院士，更多的学生都成为新中国生物学科的骨干力量。谈家桢自己的科学研究也达到了国际水平，得到了世界同行的瞩目，为浙江大学赢得了荣光。

1946年秋，浙大的教育教学迅速得到恢复。从美国回来后，谈家桢带回的仪器充实了生物系的实验室，图书、资料也大有用处。谈家桢继续开设《遗传学》《细胞学》两门课。

浙大生物系本科三年级学生钱熙，在上谈家桢的课时，总是要提前赶到教室"抢座位"，因为教室总是满满的。谈家桢讲课内容丰富，引人入胜。他的上课有特点：语速快，板书英文也写得快，所以学生们都须专心致志，落笔极快地做笔记，并将gene[1]缩写成G，chromosome缩写成C等，加快笔记的速度。课后再做整理，边看参考书边复习讲授内容。

1947年秋，新学期的生物系迎新会，因理学院院长、生物系主任贝时璋教授访问欧洲未归，谈家桢就以代系主任[2]的身份致辞。他介绍说，贝先生的办系方针是两句话：重质不重量，宜博不宜专。总体来讲是学生的人数不要追求太多，但要求学生的"质量"要高。怎样来体现呢？就是在低年级时，要打好学习专业的"广博"的基础。谈家桢延续着贝时璋教授办理浙大生物系的教育教学理念。接着，谈家桢以一贯的热情鼓励学生在浙大完善自我，学有所成。

那年招收的研究生有学习植物生理学的潘瑞炽和学习遗传学的高沛之、朱孝颖、周光裕，共计四人。

瑞典斯德哥尔摩第八届国际遗传学大会的会议召集人之一杜布赞斯

---

[1] Gene的中文定名叫：基因。基因的解释是生命、生物的基本因子，有单位物质的概念，又非常贴近英文的读音，这是谈家桢在1937年前后为此做的中文定名。后于1956年在武汉大学讲课和《辞海》《生物大辞典》的编写工作中，将众多的"遗传因子"、"遗传因素"等译文统一为"基因"。这又是谈家桢对中国生物界的一大贡献。

另考证：在美国留学期间，谈家桢应国内科学杂志之邀撰文介绍现代遗传学，把gene的汉译名定为"基因"。1984年在广州的一次演讲中，谈家桢曾自诩道："我生平最得意的杰作，就是把gene译为基因。"

[2] 1947年，贝时璋先生访欧期间，谈家桢暂代生物系主任一职。

考证：谈家桢于1947年7月至1948年9月，担任浙江大学生物系主任，接任者是江希明。

1948年6月，浙江大学生物学会欢送谈家桢先生出国参加第八届国际遗传学大会的合影

一排左起：胡步青、孙宗彭、吴长春、董津茂、王曰玮、谈家桢、姚鑫、贝时璋、仲崇信、江希明

三排右三：项维

基，出函邀请谈家桢、李闻先教授两位参加[1]。后因各种原因，最终谈家桢成为唯一出席并与会的中国生物界代表。

瑞典著名报纸在第一版报道会议消息，全版刊登了八幅照片，其中有一幅是"中国谈家桢教授飞抵斯德哥尔摩出席第八届国际遗传学大会"，另外几幅是大会主席穆勒、会标介绍等，足见对谈家桢与会的重视程度。

1948年秋，谈家桢作为中国遗传学界唯一代表，出席了在瑞典斯德哥尔摩召开的第八届国际遗传学会议，宣读交流论文《异色瓢虫 $H.axyridis$ 色斑的季节性变异》等三篇论文，并被选为国际遗传学会常务理事。这是他首次以中国学者的身份，登上国际遗传学界的舞台。

时年40岁的谈家桢，在会议期间，坐在交流论文、展示成果的会议现场大厅的最后，放眼前排和周围各国的遗传学家们，思绪翻滚，那股爱国的情愫汹涌而出：这国际遗传学大会，总有一天一定会放到中国去开。

---

[1] 因与会的经费问题，谈家桢回信道很希望赴会，但由于费用问题（他说自己虽然是中国最高级的教授，但每月薪水只折合100美元），实在没办法参加。尔后，大会秘书处来信答应资助全部费用，另外谈家桢又向教育部申请到1 000美元后，得以成行。李闻先则最终未能成行。

第8章　布衣学者爱国心　缘起科学与求是

在瑞典斯德哥尔摩召开的第八届国际遗传学会议现场照片（谈家桢位于箭头所指处）

会后，谈家桢出席了欧洲其他会议并做短期工作，并到美国作短期工作访问：在意大利那不勒斯海洋生物研究所作短期研究访问，研究课题为氮芥子气对海胆卵的影响，其研究论文发表在当年的一家瑞士学术刊物

出席在法国巴黎召开的第13届国际动物学会会议（1948年）

谈家桢 与大学科研

出席在荷兰举行的国际大学代表会议（1948年，二排左一、左二分别为谈家桢、陈源）

上；在荷兰出席国际大学会议；在法国巴黎出席十三届国际动物学大会；在美国纽约作一次短期的学术访问。

当时，国内的淮海战役已经打响，这是一场决定中国命运的战争。同时，世界遗传学界也有一场科学的论战，即苏联李森科为代表的一批人给摩尔根学说戴上政治、阶级的大帽子，批得一无是处。

1946年，谈家桢在美讲学期间读到了李森科的《遗传与变异》英译本，并第一次接触到"米丘林生物学"、"辩证唯物主义"等名词，将自然学科理论与政治术语串在一起的《遗传与变异》，会不会在中国出现？他不敢想下去，感到可怕。

第八届国际遗传学会议主持人、诺贝尔奖金获得者、国际遗传学会会长穆勒教授，在开幕词中说到：在刚结束的全苏农业科学院大会（即"八月会议"）的决议上，宣布孟德尔-摩尔根主义是"烦琐哲学"、"反动的唯心主义"、"伪科学"、"不可知论"的遗传学说，并强调遗传学说信奉"米丘林主义"还是"孟德尔-摩尔根主义"实质上是社会主义与资本主义两种世界观在生物学领域的两种意识形态的斗争。

1948年8月，李森科一手策划了"八月会议"，这次会议得到了苏共中央和斯大林的直接支持。甚至，李森科以全苏列宁农业科学院院长身份所作的报告《论生物科学的现状》是斯大林亲自修改,复经苏共中央批准的。

为此,苏联关闭了细胞遗传学等有关实验室,开除并逮捕坚定的"摩尔根主义者",销毁了有关教科书和文献、资料,消灭了果蝇、瓢虫实验标本,并拒绝派代表出席本次会议,以示"抵制这样一次国际性的摩尔根主义者的集会"。

此后,又获悉原第七届国际遗传学会议的组织委员会副主席,苏联的瓦维洛夫教授,因反对李森科的理论和学阀作风,致使这位全苏列宁农业科学院的奠基人、科学院遗传研究所和全苏植物育种研究所所长、著名的遗传学家,遭到逮捕并被迫害致死。

科学是不可能被欺骗的,与科学背道而驰的结果是苏联的遗传科学、农业科学和医学科学等相关科学的大倒退,乃至引发苏联的农业和整个国民经济的重大损失。可谓人为政治愚弄科学,最后被愚弄的恰恰是政治自己,可悲的是人类经常要为此付出沉重的代价。

所谓的学术自由、学术民主何在?诸如此类问题困扰着谈家桢,他百思不得其解,心情是沉重的,为国际遗传学界出现这种反常情况而深感担忧,对李森科其人有了进一步的认识。新中国即将诞生,由共产党领导的国家在遗传学的问题上会有什么态度?对自然科学研究采用什么方法?谈家桢作为摩尔根的入室弟子其个人命运如何?作为生命科学领域的科学家、教育家能否为国所用?这时的谈家桢思绪万千。

此时,美国科学家尼尔(J. Neel)手头正好有一个有关广岛原子弹射线的遗传效应新课题等着要做,他热情建议并邀请谈家桢留美,申请长期居留。身在美国的谈家桢有老师、学界的盛情邀请与挽留,有独立实验室和研究经费、研究课题,有稳定的优裕生活环境等条件。"你是摩尔根的弟子,回去后会有什么好果子吃?"诸如此类的话,如同鼓点,时刻敲打着谈家桢。事实上,同样是回国,还有一个是回浙江还是去台湾的问题等着谈家桢。

谈家桢有生他养他的故乡与亲人等着,有开始专业基础研究的浙江大学与竺可桢校长等着,有"科学救国"的理想和一颗报效祖国的纯正的心需要安宁,选择回浙江大学是必然的。在这之前,谈家桢有多次定居国外的机会,但这一次次的选择更加体现了他的个人品质与强烈的爱国情怀,一切缘于科学与求是。

竺可桢校长的日记里记录了这一段历史并简短地写道:"在国外早已

听说,苏联在开展批判摩尔根学说的政治运动。在李森科的主导下,许多遗传学的苏联学者都遭受迫害。所以,在国外的朋友们都劝他不要回国,可是他不听。而谈家桢先生更是摩尔根教授的嫡传弟子,如在苏联就不堪设想了。所以在美国的同学、朋友们也劝他不能回国,可是他还是毅然回国了。"

1948年底,谈家桢踏上了回国的旅途,他在飞机舷窗旁心想祖国与家人。随后,他从上海转车返回杭州,仍到浙江大学任教。

第9章

学派之争对与错　国家需要大科学

1949年5月3日,杭州解放。1949年10月,新中国在礼炮声中成立了。

谈家桢在解放初期的浙大,依然教授《细胞学》、《遗传学》两门课程。他的学生盛祖嘉1947年在美国获得博士学位后,也毅然于1951年初返回浙大,谈家桢安排他开设《微生物遗传学》课程。谈家桢还起用了高沛之,让他讲授农学院《遗传学》课程。谈家桢当时的计划是重点培养遗传人才,待他的学生个个学成回国后,再全面地铺开他发展中国遗传学的蓝图与理想。

到了1950年,浙江杭州的社会秩序已基本安定。

完成了两年研究生学业并准备留校任教的高沛之,住在名曰"忠斋"的单身教师和研究生合用的集体宿舍。化学系的助教商燮尔与高沛之等

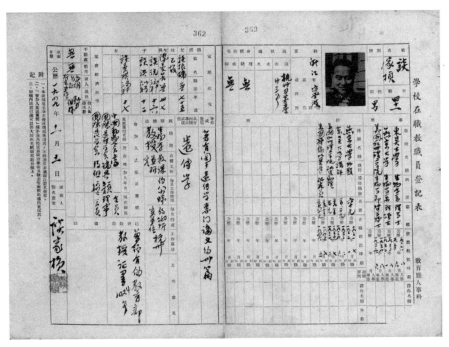

1949年11月11日,谈家桢亲手填写的浙江大学在职教职员登记表(浙江大学档案馆提供)

年轻教师被安排在一个政治学习小组里。商燮尔是浙江大学物理学大家卢嘉锡先生的高足,革命积极性很高,被校方任命为该政治学习小组组长。1949年年底前后,学习小组开展了第一次学习讨论,有两个内容:第一单元的内容是社会发展史;第二部分是商燮尔拿出东北出版的报纸,上面刊载着李森科于1948年在全苏农业科学院所作的报告《论生物科学的现状》全文。他还告知大家,在苏联摩尔根遗传学已经完全被批倒了。

或许,高沛之年轻气盛,更因为自己的导师谈家桢是摩尔根的学生,加之自己前些日子在老师处得知李森科的一些情况,也认真地将李森科的报告、论文仔细阅读过,高沛之竟然花了两天的时间,写了一篇对李森科《论生物科学的现状》进行全面批驳的感想。文章写就,高沛之将感想文章交与先生谈家桢看,谈家桢根据自己对李森科情况的了解,以及对自己学习的学科的认识,充分肯定了高沛之的文章,并告知文章可以投稿《大公报》。

一位完全不考虑语气态度,将一个已经纳入政治范畴的事件,用论文的形式阐述其在科学上的对错、合理与否;另一位是对李森科本人对科学无知产生强烈反感而不能自已。两个书呆子,也是两个有才气的学者,旗帜非常鲜明地对李森科问题发表了自己的宣言。或许他们自己也不知道,更想不到的是,不久他们将与李森科的干将努日金[1]在上海、杭州等地有一场直面的论争。

这篇文章出炉的消息不胫而走,商燮尔也知道了情况,找到高沛之

---

[1] 1950年初,苏联专家H·N·努日金继第一个来到新中国讲授米丘林学说的斯托列次夫后也来华讲学。

努日金原在苏联科学院遗传所,在瓦维洛夫指导下进行果蝇遗传学博士研究,其博士论文又得到穆勒的亲自指点,是典型的摩尔根遗传学派成员。但从1941年起,努日金成了李森科派的理论家,为贩卖和推行李森科那套说法竭尽全力。在李森科的扶持下,努日金任遗传研究所副所长、苏联科学院通讯院士,又是《普通生物学》杂志的总编。利用这个阵地,他不折不扣地执行李森科打垮"科学上的反动派"的政治方针。作为苏联科学院遗传所副所长的努日金教授来华讲学的两个多月的时间里,前后演讲76次,开了28次座谈会,参加人数达十多万人。

到上海后,努日金指名道姓地要与谈家桢"全面讨论新旧遗传学理论等问题"。于是,谈家桢得到学校党委通知后,专程从杭州赶到上海,与这位李森科手下的得力干将进行了一场针锋相对的"论战"。

不久,努日金巡回演讲到了杭州。报告会场就安排在阳明馆三楼的大实验室,谈家桢主持报告会。

1963年,李森科力保努日金获得科学院院士提名。按照他们的想法,在李森科把持的生物学部强行通过提名后,最后的全体院士大会投票向来都是走过场,努日金当选院士已成定局。不料,院士大会有"苏联氢弹之父"萨哈罗夫参加,他把努日金如何卖师求荣背叛瓦维洛夫,以及如何捉刀代笔为李森科的博士生写学位论文,大搞伪科学等丑事一一抖搂出来,结果努日金以23:120的票数落选。

生气并严肃地说:"人家是新的科学理论,怎么能用全部旧的东西向它压上去。"

不久,一起毕业的周光裕和潘瑞炽都被外地单位招聘去工作了,高沛之却拖了两三个月都未有准确消息,虽有留校任教的可能,但聘书迟迟不到。有人告诉高沛之,他的那篇文章是留校任教的障碍,与此一定有关。后来,聘书还是如期而至,一颗悬着的心也随之安定。很多年以后,高沛之才了解到他的留校是有争议的,谈家桢在为之承担责任,承担压力。

1950年春,物理系的王淦昌先生要先于贝时璋教授调离浙大,临走前的一天傍晚,王淦昌要贝时璋、李寿恒等陪他到阳明馆走一走,与老师、学生们一一告别。当敲到高沛之的房间时,高沛之正在做石蜡切片染色,并忙里偷闲地看着谈家桢从美国带回的由哥伦比亚大学出版的《科学与现代世界》论文集。贝时璋告诉高沛之王淦昌先生要调离浙大,今天来看看大家,以此告别。王淦昌紧紧地握着高沛之的手,非常激动。

浙江大学原校长竺可桢被任命为中国科学院副院长,已经在1949年10月调离浙江大学进京赴任。同时,新筹建的中国科学院生物物理所欲调理学院院长贝时璋教授去北京工作,时任浙江大学校长马寅初先生不同意。拖到年底,马寅初本人也将奉调北京大学出任校长。正当新中国用人之际,不得已,马寅初先生要求贝时璋认真物色继任。

此时的浙江大学,在竺可桢、马寅初校长的领导下,已经成为当时新中国门类齐全的综合性大学之一,理学院更是人才辈出,理学院院长职务非同一般。1950年5月,贝时璋接到正式调令,离任前提议由谈家桢出任浙江大学理学院院长,马寅初先生表示可以。

1950年5月,谈家桢接替贝时璋正式出任浙江大学理学院院长,其角色也由科学家、学者、教师,开始向教育家转换,其职能从生命科学研究、培养学生转成对学科体系的培育。

1950年10月,谈家桢在浙大招收了最后一名研究生俞志隆。

1951年夏,浙大的教学还在正常进行。

1946年已经毕业留校的季道藩,担任农学类专业遗传育种的教学工作。1951年他担任谈家桢的《达尔文进化论》课程的助教,随班听课,获益良多。已成为教师的季道藩为学生们上进化论的课程,讲解的内容是获得性遗传和遗传学两个学派涉及这一问题的分歧时,讲解透彻,意犹未尽,学生们听得是茅塞顿开,回味无穷。其中,学生葛扣麟更是兴趣盎然。虽然,各种政治运动特别是生物学界学习米丘林主义的思潮影响着浙大生物学正常的教育教学,但此时的师生关系,却保持着亲密,无拘无束,葛扣麟也时常到老师家走动。一次他去看望陈士怡教授,陈先生说:"号召一边倒,学习苏联,学米丘林遗传学学得很积极。谈家桢学习很认真,但坦言难以认同。说摩尔根的遗传学是唯心的、反动的,他心里总有疙瘩。其实大家想法也差不多,要有时间……"

1952年,43岁的谈家桢已经任浙大理学院院长两年了,正值年富力强,是追求事业的最佳时期。但当时的环境却阴云密布:遗传学问题在中国蹈苏联的前辙;还要思想彻底改造;个人还要受到路线问题的批判;更想不通的是全国的高等院校面临着院系调整的局势,刚从抗战、解放战争中缓过劲来的浙大和生物系,前程未卜。

此时的中国百废待兴,国家领袖毛主席深邃的目光里,已经有怎样为中国自己的大科学创造条件、尽快地摆脱科学研究落后局面的思考。屹立于世界民族之林需要大科学,站立起来的中国人民需要大科学,国家需要大科学,强国需要大科学,民生同样需要大科学。

很难想象,这位新中国的开国领袖在随后的岁月里,与谈家桢这位遗传学领域学者之间的关系,会保持得这么长久。正因为他的关注、了解和朋友般的友谊,使得中国遗传学得以保存,进而得以发展。谈家桢本人每每"逃脱"厄运,次次与他有关。毛泽东主席与谈家桢的交往,是友谊使然,但结果是保全了一个能够引领生命学科的领军人物,为国家大科学发展存留了"血脉";另一方面,谈家桢对生命学科具有透彻的理解,付出了忘我的工作,极大地改变了新中国生命科学领域各方面的面貌,为此后的大发展创造了基础,其因果着实让人回味。

第 10 章

院系调整归复旦　三八线说定教育

根据《中国人民政治协商会议共同纲领》关于"中华人民共和国的文化教育为新民主主义的、民族的、科学的、大众的文化教育。人民政府的文化教育工作,应以提高人民文化水平,培养国家建设人才,肃清封建的、买办的、法西斯主义的思想,发展为人民服务的思想为主要任务"的精神,中央人民政府在新中国建立初期,制定了积极维持、逐步改造的方针,对旧中国高校进行接管、接办、接收和整顿的工作,在教师思想改造学习的基础上进行了全国范围的院系调整。

1950年,民盟组织接受中共中央《有关各民主党派组织活动的决议》,并在民盟六中全会上,就《关于进一步整顿巩固组织》、《关于干部问题的决议》等确定以发展为主同时巩固的基调,在文教界知识分子中放手发展新盟员。

1951年思想改造运动开始,运动的直接目的是清除封建、买办思想,划清敌我界线,同时批判资产阶级思想,划清工人阶级思想与资产阶级思想的界线,逐步确立工人阶级在学校和一些文化团体中的领导地位。出于这种形势和中国民主同盟自身建设的需要,民盟中央于1951年11月末在北京召开了组织宣传工作会议。会议特邀中共中央宣传部副部长胡乔木作关于思想改造问题的讲话,内容涉及统一战线中为什么有思想改造问题、知识分子的思想改造有什么特殊意义、知识分子怎样改造自己的思想、民主党派在领导知识分子的思想改造当中的作用以及所担负的任务等问题。

在民盟组织宣传工作会议期间,与会者根据基层组织反映的情况,认为发展新盟员要从工作实际需要出发,应当注意其在文教界知识分子中的代表性,再次建议修改民盟的组织路线,出台了《关于发展组织的指示》、《关于转向中上层发展组织的通知》等文件,逐步确立民盟"三个为主",即大中城市为主、中上层知识分子为主、文教界为主的组织路线。

谈家桢 与大学科研

刚留校任浙江大学助教的谷超豪，根据党组织安排参加了中国民主同盟，任民盟杭州市委委员，并任学校的统战委员。他根据学校党总支的意见，同时也根据会议精神，着手发展在学校有代表性并具影响力的苏步青、谈家桢等人的入盟工作。在谷超豪积极介绍民盟的情况下，谈家桢具体了解到中国民主同盟是一个进步知识分子（尤以教育界人士为多）组成的民主党派，更敬佩民盟的张澜、沈钧儒等领导人为新中国建立而与中国共产党紧密合作的所作所为，是比较合适自己参加的。所以，谈家桢就主动在1951年10月提出申请，由时任民盟杭州市委主委姜震中和邵均、田汝康、李春芬作为入盟介绍人，通过执委会复核，于1951年11月被批准并正式参加民盟。

1951年9月，对于当时开展的各种知识分子改造运动，已申请加入民盟的谈家桢，按照组织、学校的布置与要求，都认真地参加，特别对自己的

民盟杭州市委编号128的谈家桢入盟申请表（民盟上海市委提供）

出身、教会学校求学以及留美等诸多经历等因素，进行了反省，在此基础上开始系统地学习了《社会发展简史》、《实践论》、《矛盾论》等著作，很受教育[1]。

新中国建立初期，由于我们缺乏建设社会主义的经验，曾一度不加分析地照搬苏联的一套做法。在遗传学领域，强制推行和灌输李森科的那套理论，打击和压制了摩尔根遗传学说和遗传学家。由于浙江大学地处江南一隅，苏联李森科派的干部们虽然已经在中国开始活动，但终究还未形成气候，所以刚上任浙大理学院院长不久的谈家桢，尚可按自己设想的蓝图部署工作，讲授《遗传学》、《达尔文进化论》等课程，加强实验室建设以及源源不断地送研究生去美国深造。

1952年，教育部根据"以培养工业建设人才和师资为重点，发展专门学院，整顿和加强综合性大学"的方针，以华北、华东、中南为重点，进行全国高等院校院系调整工作，并确定华东区的复旦大学、南京大学和山东大学为综合性大学。7月，华东教育部着手部署院系调整。作为华东高等学校院系调整会议的一部分，于1952年8月1日在复旦大学召开全校师生员工大会，华东教育部副部长陈其五进行院系调整的动员并作报告，至

---

[1] 当时民盟的工作重点转移到参加国家文教建设方面，并以高等教育为重点，协助中国共产党做了三件事：一是教师队伍的思想改造，二是全国高等院校的院系调整，三是教学改革。总的目标是：执行国家文教工作计划，实行文化教育的改革，贯彻实施教育建设"整顿巩固、重点发展、提高质量、稳步前进"的十六字方针，使文教工作更有效地为国家建设的总路线服务。

教师队伍的思想改造这一具体工作，实际上，从1951年9月在京、津高校部分教师学习会上，周恩来总理作《关于知识分子的改造问题》的讲话后，就已经开始。1951年11月，中共中央发出《关于在学校中进行思想改造和组织清理工作的指示》，思想改造运动正式拉开帷幕。民盟组织并发动盟员积极参加，号召盟员起模范带头作用，并先后组织盟员系统地学习毛泽东论著的《论人民民主专政》、《矛盾论》、《实践论》等经典文献。作为入盟不久的新盟员，谈家桢也积极投入，认真学习，结合运动的具体要求，进行了多方面的反思，彻底摆脱了旧社会的影响，在思想上接受共产党的领导，团结一心地参与到国家建设工作上来。

1952年春，浙大的思想改造运动开始，这是思想文化战线主要以知识分子为对象的首次革命运动。动员大会在阳明馆前的大草坪上举行，二楼阳台当作主席台，听众随意入场，大草坪上横七竖八，凌乱散漫。浙大思想改造学习委员会主任金孟加同志的报告政策鲜明，富有人情味，其人又学识渊博，深知知识分子的秉性，会场被营造得气氛相当活跃、热烈，连不少躺在草地上的学生都坐起来，听得津津有味。接着校长王国松、教务长苏步青相继发言后，理学院院长谈家桢登上主席台。43岁的谈家桢这天身着一袭灰色西装，修整端庄，自信淡定。他从个人经历讲起，罗列了学习过程和工作历程中所做工作的重点，着重说明促使自己回国的爱国主义情结，然后逐条作自我检查。谈家桢操着一口浓重的宁波乡音，言辞温和，言谈之中对自己选择回国工作的正确性流露出一种喜悦的心情，让全场师生分明感到谈家桢浓重的爱国情怀、"科学救国"的理想和独特而不可复制的人生路程。

5日,会议结束。华东区院系调整协商委员会成立,下设秘书、组织、宣教、福利、人事、师资、仪器、设备、房屋、运输、图书调配等组,领导并组织相关事宜。

在1952年的全国院系调整大环境中,浙江大学这样的综合性大学,也是不符合苏联高等院校专科性模式的。实施方案具体是把设有文、理、法、农、工、医、师范七个学院的浙大拆散,把一个在战火中历练壮大并拥有较强师资力量的综合性浙江大学,改成纯粹的工学院性质的学校。这无疑给浙大投下了一颗"氢弹",让人震惊。

这样的决定,对浙大来说无疑是一次重大的变革,特别是涉及文理学院的全部,更是一次前所未有的大事,自然反应强烈。陈立等部分名教授和大批师生接到本部苏步青的告知来信后,于安徽五河农村土改现场连夜

1952年8月,浙江大学生物系全体在阳明馆前合影

一排右起:胡品堂、徐罕伦、屠骊珠、陈棣华、邱莲卿、张四维、李南华、罗祖玉、蒋耀青、吴天端、谈曼琪、蔡南山

二排右起:朱兆明、仲崇信、蒋天鹤、吴长春、王曰玮、陆雄飞、董津茂、谈家桢(理学院院长)、江希明(生物系主任)、王凯基、周本湘、项维、陈士怡、聂其灼、钱熙

三排右起:许小毛、陈鹭声、夏晓南、毛昌堂、俞志隆、顾佩书、肖敬丰、吴昌、毛雪莹、赵季华、王再生、邢文杰、张淑德、王先敏、稽义蓉、匡涛人、项斯端、陆建志

四排右起:倪仲安、苏德造、苏德明、胡步青、毛节荣、王启文、丁再福、孙焕林、楼常仁、盛祖嘉、陆延琦、汪松、高沛之、李永新、章名春、孙鸿良、张哈狄、胡嘉琪、王韫明

开会，并于第二天步行80余里转舟车赶回杭州，直面反对军政接管委员会的命令，并向华东军政委员会进行了申诉。可当时竺可桢、马寅初、王淦昌、贝时璋、束星北等人已经奉令调往北京、山东等地任职，结果是人微言轻，且是大势所趋，在一片争议和反对声浪中，1952年8月，浙大师生争取与呼吁等努力，还是最终失败。

浙大人在竺可桢、马寅初校长的领导下，排除万难，硬是把浙大办成了当时全国一流的大学；浙大人所经历的一切，虽小有波折，但总体团结向上，都把浙大当成了自己的家；同时，浙大人都期盼着新中国成立后，再一次为学校、为国家做贡献。此次院系调整着实使浙大蒙受了巨大损失。

当时，谈家桢从骨子里感到不舒服，打心眼里感到舍不得。作为一名教师，他在浙大已经度过了十多年教育教学和科研生涯，风风雨雨，经过了不少难关。经过竺可桢校长的卓越领导和诸多教师的共同努力，很不容易地建设成国内外均享有盛誉的浙大，如被迫拆散肯定不是谈家桢一人想不通。这因为已不是感情的问题，而是全体浙大人的心血使然。

谈家桢深深地体会到：要办一个好大学不易，要办好一个综合性的好大学更加不易，而一个决定拆散一个大学，特别是浙大，太可惜了。浙大好不容易积聚的师资力量，顿时分散四处，优势丧失殆尽；而每个重新组建的学校，因独立办学，其基础课程教师将严重不足，无疑造成教育质量的下降。殊不知，这个决定其实是解放初期，我国执行"全面学苏"步骤中的一个部分。不仅是浙大，全国的高等院校基本上都有这个过程，只是浙大"受伤"更严重些。对于这些，谈家桢并不十分清楚，由于他对浙大的眷恋，导致他对院系调整态度不明朗，甚至有抵触情绪，在日后的几次政治运动中，往往把这个问题，算作谈家桢的反苏言论来加以批判。

谈家桢调到复旦大学生物系时，他的心里不是没有想法，也十分不乐意，但组织调动必须服从，何况他本人还是浙大理学院的分配小组成员。于是，他就着手挑选了盛祖嘉、项维、王凯基和高沛之等一干人马到上海就任。这个挑选将浙大生物系的骨干力量进行了拆分，但在一定程度上，复旦大学生物系因谈家桢的到来，竟磕磕绊绊地成长为国内一流的生物学科基地，这是后话。

1952年暑假，浙大生物系的教师被分散到好几个学校，除谈家桢率领盛祖嘉等一干人到复旦大学外，还有很大一部分人到浙江师范学院、浙江

复旦大学校长陈望道亲自到火车站迎接浙大教师（1952年9月）

谈家桢等浙大教师到达复旦大学

农业大学、杭州大学等，仲崇信到南京大学生物系。浙大生物系不复存在，直到很多年以后重建。

苏步青、陈建功、吴定良、谷超豪、胡和生、夏道行、卢鹤绂、吴征铠、陈耀祖、谈家桢、谭其骧、石钟慈、丁大钊、于同隐、孙宗彭、戚叔含、方重、盛祖嘉、郦庚元、赖祖武、殷鹏程、叶敬棠、龚升、张素诚等一大批教授、师生及其家属数百人，浩浩荡荡离杭赴沪。

时年43岁的谈家桢，是浙江大学的知名教授、理学院院长和民盟盟员，虽个人深感浙大这一凝结着竺可桢校长心血、众多教师为之付出而卓有成果的综合性大学被拆分，实在可惜，并在理智上认为这对中国的高等教育不利，但在组织层面上，他服从了国家的决定，于1952年9月，带领浙大生物系的部分教师到复旦大学报到，并出任生物系的系主任，开始了在复旦将近56年的教学、科研工作，可谓又是一次新的"长征"。在民盟组织关系上，他融入了以沈志远、陈望道、胡曲园先生为主要领导的复旦民盟组织，并以此为契机，做了更多的工作。

1952年9月间，离开浙大的这一天，正是下午两时许，浙大的学校领导与离校的老师们，把酒言别。离别的酒时常伴随着泪，浙大人此时的心情很难用文字表述，苏步青先生更是把遗憾拌着白酒让自己喝醉，以致被人扶送上北去上海的火车。或许，苏步青不想搞清楚为什么会这样。也许能将解数学题视若无物的苏步青，怎么也解不出自己为什么会被调出浙大的这道命题。不舍、心痛、疑惑更是被调离的浙大人此时的心境。

复旦大学校长陈望道亲自到上海火车站老北站，迎接从浙大来的众多

谈家桢等到复旦大学生物系

教授、老师们。

谈家桢到达复旦大学后,时任教务长的周谷城先生奉复旦大学陈望道校长之命,前来看望,同时带来校方的慰问和任命决定。周谷城对浙大来复旦大学的谈家桢、苏步青等知名教授表示欢迎和慰问,并询问有什么困难和要求需要解决。他对谈家桢说:经学校研究决定,由谈家桢出任复旦大学生物系主任。在这之前,复旦大学生物系主任是由张孟闻担任。陈望道校长等领导了解到在贵州湄潭期间,谈家桢与张孟闻之间翻过脸,关系一直紧张,为了缓解双方的矛盾以及维持正常的教育教学秩序和科研等工作,经校务决定谈家桢教授替代张孟闻任系主任,张孟闻为生物系教授,不再担任系内任何行政职务。同时,学校领导希望两人为把生物系搞好,以大局为重,和平共处。

谈家桢接受任命,开始了后半生在复旦大学的教育生涯。

1952年,谈家桢的留美学生刘祖洞,完成了美国密歇根大学动物学的学业,获博士学位。他不顾国内生物科学界正在受李森科的影响,义无反顾地回国,回到老师谈家桢的身边,加入复旦大学生物系教师行列。

可以看到,复旦大学生物系的大部分教师是浙江大学生物系通过1952年的院系调整后逐步得到的,并最终在谈家桢的不懈努力和领导下,展开了学科发展新的局面。

身为复旦大学生物系主任的谈家桢，在政治上、学术上受到极大的压力，无权讲授遗传学。但是，身为科学家的谈家桢深信：科学总是科学，来不得半点虚假，真理最终会越辩越明的。

这时有人要他改教米丘林生物学，谈家桢宁可不教书，而去组织刘祖洞、项维、高沛之合译苏联大学的生物学教材，历时三年，1955年《生物学引论》在高等教育出版社正式面世，宣传达尔文进化论，他坚信其研究方向没有错。

1955年《生物学引论》由高等教育出版社出版

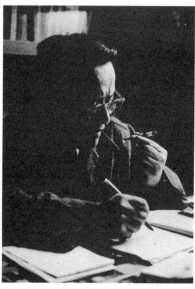
谈家桢伏案备课（20世纪50年代初）

这一场知识分子思想改造运动，最初是通过听报告、学文件、个人检查思想、开展批评与自我批评等形式进行的。在全面学苏热潮的助推下，出现了"左"的倾向，于是进一步掀起了对"反动学术思想"的广泛批判，这令谈家桢一下子陷入困难的境地。

与此同时，谈家桢全身心地投入生物系的队伍建设，使复旦大学生物系在颇为艰苦且干扰颇多的条件下，成为全国同类高校中专业齐全、教学实力坚强的一支队伍。复旦大学生物系相继成立了八个专业，并配备了十位学有所长的教授分别主持教学工作，他们是卢于道、张孟闻、王鸣岐、曲仲湘、忻介六、郑章成（原沪江大学）、焦启元、孙宗彭、吴定良和谈家桢。

复旦生物系的专业设置和人员配备如下：

动物学专业：脊椎动物学专门化的张孟闻、昆虫学专门化的忻介六。

植物学专业：高等植物学专门化的曲仲湘、低等植物学（菌类）的王鸣岐、低等植物学（藻类）的钱澄宇（曲仲湘夫人）。

微生物学专业：王鸣岐、盛祖嘉、李君缨。

动物生理学专业：卢于道、孙宗彭。

植物生理学专业：焦启源（原金陵大学）、薛应龙。

人类学专业：吴定良、刘咸。

生物化学：沈仁权（盛祖嘉夫人）。

达尔文主义教研室的基本成员：谈家桢、盛祖嘉、刘祖洞、沈仁权、项维、高沛之。

那时，复旦大学人称此十位领军教授为生物系的八大龙王庙里的龙王。按谈家桢的话来说是留得青山在，不怕没柴烧。他相信依靠这些薪火与精华，有朝一日是要恢复遗传学的教学与科研工作的。

1954年2月，从北京农业大学研究生毕业的章振华，到复旦大学生物系报到。谈家桢询问章振华："你在北农大研究生阶段读了哪些课程？哪几位老师授课？"章振华一一作答，谈家桢听后微微点头，以示满意，接着谈家桢突然说了句："我在浙大，28岁当教授。"章振华一愣，木然地说："噢，我知道了。"两人第一次见面，章振华已然明白在谈家桢的团队里是不允许有"弱兵"的，必须认真学习与工作。当章振华

谈家桢与高沛之一起观察切片（20世纪50年代初）

根据自己的情况，确认从事遗传学教学方向后，谈家桢马上具体安排和指导他工作，安排他每学期都要承担遗传学课程和为生物系开设的基础课程的实验指导：第一学期是《遗传学》、《植物生理学》；有一个学期是《遗传学》、《脊椎动物解剖学》；还有一个学期是《遗传学》、《胚胎学》（是朱洗教授为研究生讲授的）。这显然是谈家桢考虑到章振华在北农大农学系毕业后缺少生物学基础知识，不够用于遗传学教学与科研，而安排他做课程实验准备，既能有课程教授直接具体指导，快速融入生物系教师团队，又能熟悉基本的实验程式与技术，强补科研"死角"。几个学期后，章振华很快就具备了农学和生物学两门学科的基础知识，这不仅使章振华在教学备课上有"底气"，而且，在他后来从事农作物的遗传育种研究和植物细胞工程研究时，这些知识在设计技术路线、实验结果分析与判断等方面起到了前期准备的作用。

谈家桢一贯重视培养学生（包括研究生和年轻教师），强调基础知识与理论的重要性，并对此用了一个形象化的比喻：专业课程设置犹如做"奶油蛋糕"，蛋糕是结构主体，奶油可各式各样加上去。打下较为厚实的基础理论知识，就能在研究工作中容易发现和深入分析问题，变换新的研究方法，换句话说是能胜任工作，对于新的研究项目也能快速融入。

有一天，谈家桢从北京开会回到复旦，走进实验室看到章振华在做"菜粉蝶幼虫之间的血液交换"实验，谈家桢兴奋地脱下风衣，一边说道"啊，你也在做这个实验，我那时在摩尔根实验室做果蝇幼虫的血液交换，虫体比这要小多啦"，一边动手与章振华一起做实验。

1956年，中苏合作开展研究项目"稗草属的群体遗传研究"，由复旦大学遗传学教研室与苏联列宁格勒大学遗传教研室合作，谈家桢主持，高沛之、章振华参加具体工作。谈家桢指导工作很具体、细致，对实验也抓得很紧，一丝不苟。一天他刚从北京高教部开会回到学校，就要高沛之、章振华汇报近期的研究工作情况。当章振华解说了这一段做了哪些实验和得到的结果后，他突然问章振华："稗草属的拉丁文是什么？"章振华立即作答：*Echinochloa*，谈家桢这才放心，并布置下阶段的研究重点。

1957年，根据章振华的情况，谈家桢为他专门拟定了一个阅读计划，除要求他在教育教学过程中掌握生物学的基础理论知识外，还一口气报了17本必读：《物种起源》、《遗传学》、《细胞学》、《植物杂交实验》等。谈家桢

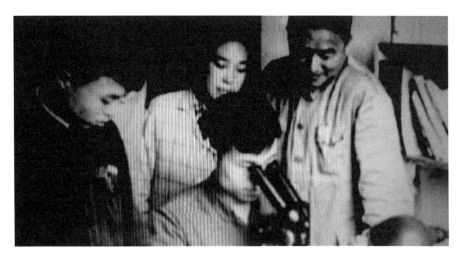

20世纪50年代末，谈家桢在实验室指导学生做实验

就这样指导章振华先掌握基础，再钻研经典著作，循序渐进地安排与培养他。章振华只是谈家桢的一个同事，还不是真正意义上的学生，但谈家桢热忱地对待、热情地带教他。谈家桢就是这样用一贯的言传身教和对科学的认真，来换取中国所有搞生物学、遗传学、生命科学的人才逐步成长，超过自己，他希望看到中国的科学事业兴旺发达，希望看到祖国强盛。更难得的是，谈家桢这时的身边环境并不轻松，大环境还充满着压抑的背景。

1957年3月，谈家桢作为党外代表出席在中南海怀仁堂召开的中央宣传工作会议。会上，时任中国科学院院长郭沫若有意要调谈家桢到科学院，他委托谈家桢的同行，中国科学院学部委员（现解释为中国科学院院士）、生物学部主任、我国实验胚胎学创始人之一的童第周先生（1902—1979）找到谈家桢并透风："中国科学院的选种馆，根据农业发展需要，要扩大改建一个趋于完整的遗传研究所，这个所的副所长一职，已考虑请你出任并主持遗传研究所的筹建工作。"[1] 在宣传会议期间，郭沫若就提出要调谈家桢到科学院，主持科学院遗传所的工作。他认为，中国科学院是国家最高研究机构，大学理应要输送优秀人才。郭沫若回溯半年前在青岛举行的遗传学座谈会，十分动情地谈道：时不我待，遗传学在中国应当加快发展，而成立遗传研究所更是迫不及待的事情，谈家桢是理想人选，有关部门应该顾全

---

[1] 2011年8月，谈向东到北京中国科学院调研，在机关事务局领导的帮助下，查阅到：1957年1月20日中国科学院发文《商调谈家桢教授来院任遗传研究所副所长》，调函已经由中国科学院领导签发，并报送中宣部干部处办理具体手续。

大局。

不料,高教部部长杨秀峰[1]执意不放人,理由十分充分并振振有词,直令满座为之动容:"国家培养一个优秀大学生不容易,更别说大学里的名教授。没有名教授就不可能培养出优秀的人才来。这个道理很简单,而多年来科学院把高校人才都挖去了,长此以往,高校怎么发展?"说着,杨秀峰干脆把一份事先准备好的名单当众宣读,历数新中国成立以来,科学院从高校挖去了多少人才,说是"让事实说话"。

郭沫若听不下去,起身朗声道:科学院要办就要人,高校就应该支持,没有人才如何办好科学院?要不,科学院就归高教部领导吧。两人各执己见,互不相让。双方都是学富五车的文人,情绪激动,争辩之声更是抑扬顿挫。大家屏息静听,又无不为二老为国家进步、科教事业发展而争人才的举动所感动。

谁说和平时期不需要英雄,只是工作各不同。

事实上,郭沫若领导的科学院和杨秀峰率领的高教部,因人事问题双方结怨很大,矛盾也非常尖锐。中国科学院成立后,很多人想到科学院来工作或科学院直接向高校里成名的领军教授们发出邀请。高教系统为此提出:取消科学院,科学院应分散到各大学去。并认为体系增加,导致科研人员分散,形成不了合力,直接影响了大学教育教学、科研的力量。当时民盟中央组织了一个科学体制委员会,人员有童第周、钱伟长等人,时任民盟中央领导的沈钧儒先生主持了以科学体制为专题的一次会议。会议上曾昭抡、钱伟长等主张取消科学院,并举例证明弊大于利;而童第周则发言认为科学院不能取消,童第周的发言还在《争鸣》杂志上刊出。正是因为有这个背景,毛泽东主席在中南海自己的办公室,也专门为此召开了一次联席会议,目的是听一下各方面的意见并着手解决这个问题。出席会议者,高教部有杨秀峰等,科学院有书记张劲夫、院长郭沫若、吴有训、严济慈、童第周、范长江、于光远、胡乔木等。在列举的科学院出席会议部分人员名单里,可谓文武兼备,精英荟萃。科学院众人的主张或意见是"两者都要存在,要相互合作"。这个意见也恰如其分地表达了科学院当时的心情。高教部

---

[1] 杨秀峰作风务实,坚持原则。杨秀峰到全国各地了解教育情况,向来是轻车简从,便服微访。有一次,他去上海育才中学参观,学校领导按通知特地派人接,但杨部长依然乘有轨电车,一路步行到育才中学。

的同志又将科学院调人名单递交给主席一阅,也要一个说法,并强调了高校的困难。毛泽东在与会各位发言过后,经过思考果断地挥手道:"我给你们划条三八线,都要存在,不要再拉绳子。"

第二天的晚上,毛泽东指名要见谈家桢等人。当陆定一把谈家桢介绍给主席时,毛泽东亲切地紧紧握住谈家桢的手,并操着浓重的湖南乡音说:"哦,你就是遗传学家谈家桢啊!"显然,主席早已未见其人先闻其名了。接着,主席就询问谈家桢关于贯彻党的"双百方针"及在遗传学教学和科研方面的意见,谈家桢爽直地汇报了在青岛遗传学座谈会上不同学派的遗传学家各抒己见、畅所欲言的情况,以及会后复旦大学和其他院校在教学和科研方面所出现的好苗头。毛泽东听罢,沉思片刻又意味深长地表示:"过去我们学苏联有些地方不对头,应该让大家来搞嘛。"并鼓励:"你们在青岛会议开得很好嘛!要坚持真理,不要怕。一定要把遗传学工作搞起来。"这席话,使谈家桢思想上进一步获得解放,增加了工作的信心。

陪同接见的郭沫若不失时机地提出,为了尽快把中国遗传学搞上去,主张要把谈家桢调来北京主持科学院遗传所的筹备工作。在座的杨秀峰立即起身站起来反对,表示不同意。结果,只能由一直在旁倾听的毛泽东主席出面决定。毛主席忍俊不禁地摆了摆手,并看看老朋友郭沫若和老部下杨秀峰,再次提出划条"三八线":到此为止,以后科学院不得再从高校中挖人。这场"争人"风波至此才算平息。郭沫若、杨秀峰两位先生听力都不好,被戏称为"聋子",因而这场"争人"风波,最后被演绎成"双龙抢珠"的佳话而留存史册。

谈家桢作为遗传学领域里的"翘楚"之一或公认的领军人物,被两大部门认可,因主席的"三八线"一语,在人事方面从此留任复旦大学工作。谈家桢事件是一个从侧面反映了新中国建立初期国家层面对科学研究的重视与布局、对人才的看法或具体安排的案例。从院系调整到两大部门争人等事件,人事波折反复,不管过程如何,其结果却成就了谈家桢终生从教的完美人生。

第11章

青岛遗传座谈会　学术之争与"双百"

遗传学是生物学领域里的一门基础学科，同遗传学关联的学科非常广泛。因此，由遗传学基本问题而引发的学术争论和行政干预实际上已经大大超出了遗传学本身的范围，已不仅仅是两个学派之争[1]。

国际大背景上，斯大林于1953年3月逝世，苏联思想界、学术界开始"解冻"，自1952年年底开始在《植物学杂志》上开展的对李森科的物种见解的讨论也越来越深入。1956年2月，苏联召开了苏共第二十次代表大会，在会上尖锐地全面揭露了斯大林在当政时期所犯的错误，以及他造成的个人崇拜所产生的一系列恶果。苏共二十大的结果是，过去一直被视为"绝对权威"化身的斯大林受到严厉的批判，使苏联的政治形势发生了重大变化，这对在社会主义阵营中普遍存在的教条主义和思想僵化无疑是一帖清

---

[1] 所谓"学派"，就是他们研究的对象是同一的，在遗传学方面都是探讨生物的遗传和变异的规律。在探索真理与认识的过程里，科学家们从不同的角度、不同的方向，以及持有不同的研究材料、方法技术设计和依据各自的理论、假设等进行具体研究，因而得出不同甚至相左的结论。由一批学术观点相同的科学家而形成的"共同体"，可归之为一派。

要说明的是科学家之间持不同观点，是客观存在的，但其前提是应该尊重和依循共同的科学真理或语言；反过来，正因为有不同观点，才有真理一说，所谓不辩不明，也因为有持有不同观点的科学家的存在，世界科学领域才有不同风采可言。当然，学派之说有对立之嫌，容易产生纷争，也是不可回避的事实。李森科等人利用米丘林的名义，其结论没有事实依据，其实不能称之为一派，他们能与摩尔根学派分庭抗礼，也属笑话。更令人不能理解的是，李森科学派在20世纪50年代的中国甚嚣尘上，乃至通行无阻，值得深思。

"新遗传学"的正式提法是"米丘林生物学"或"农业生物学的米丘林方向"。米丘林生物学要批判和改造的对象，首先是细胞遗传学，特别是遗传学理论及其直接应用领域现代育种技术，如杂交优势的利用、辐射育种、多倍体育种等。此外，米丘林生物学的基本原理之一是"有机体与环境的统一"，在分析判断农业生物的生长发育上，强调栽培管理等外部环境原因，忽视病源物的检测和处理，等等。

醒剂,其影响越出国界,引起国际社会的极大震动。

1956年,在苏联科学院大会上,院长涅斯米扬诺夫在报告上说:"用压制科学的方法来解决科学上的争论问题的习气,曾经在我们的生物界扎了根。""米丘林方向要尽可能好和尽可能快地发展,它应该从错误的和被沾染的东西中解放出来,但是米丘林方向的活动者不应该妨碍生物学研究的其他实验方向。"

李森科一派在苏联多年占据着重要学术行政地位,却在农业生产实践上毫无作为,他的许多技术与建议,都被证明是无效的。特别是支持李森科关于物种突然形成的极不慎重理论的重要证据,如燕麦穗上突然长出另一个物种野燕麦、鹅耳枥的枝干上长出榛树的枝条等,都被揭发是弄虚作假的。科学来不得半点虚假,李森科现象在世界科学界也值得警醒。

1956年4月,苏联生物学家、农学家齐津院士(N.V. Tsitsin)作为科学顾问应邀来中国,帮助研究制订我国十二年科学发展远景规划。在学术上,齐津不同意李森科的观点。他曾针对李森科认为"在分类上,种是人为的,绝不是一个实体"的论点,提出反驳意见,即"种间的差别不是形态上的差别,而是在于性隔离上的差别","不同种在两个群体里是不能繁殖的"。从而在苏联引起物种问题的争论。

1955年末,苏联有三百多位科学家联名上书(如资深生物学家苏卡契夫,他公开反对李森科)要求撤销李森科从1938年以来一直霸占的全苏列宁农业科学院院长的职务。1956年,苏联中央接受了这一请求,并于4月正式罢免了李森科。李森科在苏联生物界开始受到批评与清算。

长期以来,李森科的生物学"理论"在苏联、中国两国的影响与传播面甚广,当李森科被罢免这一情况发生时,自然立即引起中国共产党和毛泽东本人的高度警觉。

从国内情况看,1956年这一年基本完成了对生产资料所有制的社会主义改造,同时又开始探索中国自己的建设社会主义道路。如何总结在科学技术发展中的经验教训,以及最大限度地发挥知识分子在社会主义建设中的积极性,这是摆在中央面前亟待解决的严峻问题。

1954年秋,北农大的毕业生黄青禾,被分配到中央宣传部科学处工作,这个处的主要工作就是关于党的知识分子政策和科学技术政策。当时机构层次少,只有部处两级,处长是于光远。处内又分自然科学和社会科学两个小组，黄青禾在自然科学组。黄青禾刚到机关，恰逢第一个五年计划的开始，全国出现了农产品短缺的问题，需要从加强农业科学技术角度来保证农产品的供应。于是，他被安排到全国各省调查农业科技方面的情况，同时也是带着其他问题去的。黄青禾作为一位刚从大学毕业的青年，却要肩负着双重使命，从1954年末到1956年初，分四次走遍大江南北，如果不是因为要准备青岛遗传学座谈会的工作，黄青禾也许将完成西北地区的考察与调研[1]。

1956年1月中旬，党中央在北京召开知识分子问题会议。周恩来代表党中央作《关于知识分子问题的报告》，他指出："在社会主义时代，比任何时代都更加需要充分地提高生产技术，更加需要发展科学和利用科学知识。""科学是关系我们的国际、经济和文化各方面的决定因素。"并说："进行社会主义建设，必须依靠体力劳动和脑力劳动的密切合作，依靠工人、农民、知识分子兄弟联盟。"在这次会议上，周恩来郑重宣布："我国知识分子的绝大部分已经是工人阶级的一部分。"

---

[1] 黄青禾带回的部分调查很能反映问题。

例如，四川农科所鲍文奎先生的多倍体育种材料被毁事件，具体调查下来与原来反映的情况基本属实。鲍文奎的研究是用小麦与黑麦进行远缘杂交，以获得高度的杂交优势，然后用使杂种染色体加倍的办法，克服其不孕的问题。这是典型的摩尔根遗传学的方法。四川农科所在用米丘林方向改造生物科学的过程中，决定取消鲍文奎的这项研究，并派人强行毁掉试验地里的杂交材料。这一做法虽然是受苏联专家的影响，但具体实施的粗暴程度却有过之而无不及。

再如，河南农学院吴绍骙院长的玉米杂交研究被停止，他虽是院长，但在政治化的当年，也无法避免此遭遇。因为吴绍骙所搞的玉米杂交，也同样是摩尔根遗传学理论指导下进行的。

又如，华南农学院林孔湘教授的柑橘黄龙病研究受到批判问题，调查结果是不属于遗传学领域，对他的批判纯属扩大打击面。华南地区的柑橘发生了毁灭性的病害，其表面症状是枝梢叶片斑状黄化，农民形象地称之为黄龙病。林孔湘教授用传染病学的接种方法，确定其为传染病，病原体为一种细菌和病毒之间的支原体。按照处理传染病的原则所提出的对策是烧毁病株，培育和采用无病苗木，控制传染媒介（昆虫）。但是，苏联专家在视察病区后认为广东柑橘种在水田里，叶片发黄是排水不良，不是传染病，解决的办法应该是排水，而烧毁病株是破坏生产。就这样林孔湘教授的研究被迫停止。后因林孔湘不同意苏联专家意见，被错划为右派。再后来，黄龙病大蔓延，几乎毁灭了广东大部老柑橘园，并祸及广西、福建等地。直到现在，柑橘界的有关人士仍然谈黄（黄龙病）色变，心有余悸。

对上述问题，中宣部从贯彻落实知识分子政策的角度，给予不同程度的解决。如鲍文奎先生的问题在四川不能解决，没有商量余地，于是通过联系农业部，调到北京中国农科院作物所，继续从事多倍体的研究。有些问题也只能通过内部渠道作些反映、呼吁，而未解决实际情况，如林孔湘教授的问题等。

调查的情况和大量的事实证明，苏联的李森科问题祸及中国农业和科学界，特别是生物学界的情况十分严重，这一具体问题如不能妥善解决，势必会影响新中国的社会主义建设大业。

1956年1月18日，中共中央正式发出了"向现代化科学进军"的号召，极大地鼓舞了广大科学工作者。根据会议的建议，成立了以陈毅为主任的国家科学规划委员会，集中全国757位科学家和技术专家，编制1956—1967年全国科学发展规划，即十二年科学发展远景规划。

1956年2月，在毛主席居住的颐年殿开会时，中共中央宣传部长陆定一向毛泽东坦陈了自己对遗传学问题的看法：

有一位老同志，在苏联学了米丘林的遗传学回国，在中国科学院负责遗传选种实验馆的工作。他跟我谈话，说摩尔根学派是唯心主义的，因为摩尔根学派主张到细胞里去找"基因"。不但如此，请他编中学的生物教科书，他不写"细胞"一课（后来补写了）。

我对遗传学是外行，但已看出他的门户之见了。我问他，物理学、化学找到了物质的原子，后来又分裂了原子，寻找出更小的粒子，难道这也是唯心主义的吗？马克思主义哲学认为，物质可以无限分割，摩尔根学派分析细胞，特别是染色体的内涵物质，找出脱氧核糖核酸（DNA），这是很大的进步，是唯物主义，不是唯心主义。

苏联认米丘林学派为学术权威，不允许摩尔根学派的存在和发展，我们不要这样做。

应该让摩尔根学派存在和工作，让两派平起平坐，各自拿出成绩来，在竞争中证明究竟哪一派是正确的。

这个同志很好，他照办了，因而我国的遗传学研究就有了成绩，超过了苏联。

陆定一接着还汇报了另一个事情：

还是一位老同志，也是很好的同志，战争期间担任军队的卫生部长，战争后做人民政府卫生部副部长。他知道了苏联的巴甫洛夫学说以后，要改造中国的医学，认为："中医是封建医，西医（以细胞病理学者魏尔啸的学说为主导）是资产阶级医，巴甫洛夫是社会主义医。"陆定一笑曰："在这样的认识指导下，当然就应该反对中医和西医，取消一切存在的医院，靠巴甫洛夫的药（只有一种药，就是把兴奋剂与抑制剂混合起来，叫作巴甫洛夫液）来包治百病。"陆定一感到这种认识既好笑又危险，会出大乱子。实践是辨别理论的正确与错误的唯一办法。中医能医好病，西医亦然，这都是人类珍宝，应该研究和发展，应当以解决问题为主，如中西医合作等。幸好这位老同志没有坚持他的奇怪想法,后来他的工作很好。

毛泽东听了,深以为然。

1956年4月,毛泽东看到一份材料,是民主德国统一社会党(共产党)内一位官员谈及民主德国遗传学家对强制推行"李森科学派"观点的反映记录。其中具有代表性的是民主德国著名遗传育种专家汉斯·斯多佩(Hans Stubbe)的观点,他谈到:"我在政治上是马克思主义的,而在科学上是摩尔根主义的。"民主德国党中央的态度是,不强求斯多佩改变自己的学术观点,让他放手搞研究。结果是斯多佩根据摩尔根遗传理论在遗传育种科研工作上做出了很大贡献。汉斯·斯多佩后曾到中国访问,当时谈家桢与他见面,并在融洽的气氛下,探讨国际遗传学界的状况和学术上的问题等。

1956年4月18日,毛泽东在这份谈话记录上,给时任中共中央宣传部副部长张际春批了几句话:"此件值得注意,请中宣部讨论一下这个问题。讨论时,邀请科学院及有关机关的负责同志参加。陆定一同志回来,将此件给他一阅,并建议以中科院、高教部的名义,利用高校暑假期间召开一次遗传学座谈会。"

1956年4月28日,在中共中央政治局扩大会议上,毛泽东作总结发言,他明确指出:

百花齐放,百家争鸣,我看应该成为我们的方针。

艺术问题上百花齐放,学术问题上百家争鸣。讲学术,这种学术可以,那种学术也可以。不要拿一种学术压倒一切,你如果是真理,信的人势必就多。

在此前后,毛泽东一直在思考着百家争鸣的问题。

1956年5月2日,毛泽东主席在最高国务第七次会议上,作了《论十大关系》的报告,提出了著名的繁荣和发展社会主义科学文化事业的基本方针"双百方针",即"百花齐放,百家争鸣":"艺术上的不同形式和风格可以自由发展,科学上的不同学派可以自由争论。"并肯定说:"艺术方面的百花齐放的方针,学术方面的百家争鸣的方针,是有必要的。"

"在中华人民共和国宪法范围之内,各种学术思想,正确的、错误的,让他们去说。李森科、非李森科,我们也搞不清有那么多的学说,那么多的自然科学。就是社会科学,这一派、那一派,让他们去说。在刊物上、报纸上,可以说各自意见。"在这次讲话中,毛泽东反复举了自然科学方面"像李森科这样的问题"作反面例子。

5月里,毛泽东与老朋友、复旦大学周谷城教授再一次约见于北京中南海露天游泳池里一起畅游。期间休息时,主席取出一本《汉书·赵充国传》,翻到赵充国主张西北屯田戍边的一页,递给周谷城看。主席略有所思地说:"赵充国这个人很能坚持真理,坚持正确的主张。他主张在西北设屯田军,他的主张在开始时,赞成的人不过十之一二,反对的人却有十之八九。但到后来,逐渐被人接受了。真理要人接受,总要有一个过程,但要坚持,无论在过去的历史上,还是在现在。"

毛泽东历来的特点,是思人之所未思,言人之所未言,为人之所不为。此时此际,言及赵充国其人其事,包括此前在陕北延安支持李鼎铭先生,提出"三三制",以及后来支持生物学界摩尔根学派李汝祺、谈家桢所发表的争鸣观点,都是长期思考的结果。毛泽东一直认为,真理不应以人数多寡定,并说:"真理有时候在少数人的手里。"

兼听则明,兼听不是形式,而是执政的必经程序。向党外朋友及时通报情况,包括大政方针的出台等方面,倾听意见与建议,是毛泽东初期治国的方法之一,也是具体落实统一战线的政策,赢得广泛支持的所在。

1956年5月26日,陆定一向科学界和文艺界作《百花齐放和百家争鸣》的讲话,特别谈到,在遗传学领域贴标签的做法"是错误的,我们切勿相信"。在毛泽东主席的直接关心下,经中宣部建议,决定由中国科学院、高等教育部联合筹办,在青岛召开历时15天的遗传学座谈会,地点确定在中国科学院青岛海滨疗养院。

三个月后,时任中国科学院副院长的竺可桢先生走进北京石驸马大街83号,去看望胡先骕先生,并说:"唉,当年的批评有过火之处,所以学部于本年8月10日至25日将在青岛讨论,请你参加。"谈家桢同样收到中国科学院生物学部、高等教育部联署发来的一份会议通知书,同时得知盛祖嘉、施履吉、刘祖洞三人也在邀请之列。

青岛遗传学座谈会是中国共产党在知识学术界实行百家争鸣的正式标志和第一个试点,因而不论是主办方和参与者,都抱着非常认真的态度和很高的期望。

会议前,有关领导同志向遗传学的科学家们宣传了党的百家争鸣的方针,使大家正确认识这次座谈会的重要意义,以及希望他们,特别是持摩尔根遗传学说的科学家们要消除顾虑,认真准备,积极发言。所谓"认真准备"

是指会前预通知中强调得非常清楚：要求与会者要用自己的科研成果或调研材料来说话，摆事实讲道理，避免空对空地争论。

为了会议的成功圆满，中宣部在陆定一部长、于光远处长的领导下，组织力量为会议专门准备了三部分的材料：一、遗传学两派的历史和基本观点；二、米丘林遗传学在中国的传播情况；三、苏联生物学界两派争论的历史情况。第三部分由黄青禾承担，经过一段时间的资料整理，形成了一份题为《1935—1956年苏联生物学界的三次争论》的材料，供会议代表和相关领导参考[1]。

---

[1] 文章纪实性地报告了以下大致情况。

首先，米丘林的旗帜被滥用。

米丘林是一位很有成就的果树育种家，他从果树育种实践中得出的经验，使他不完全赞同孟德尔-摩尔根理论中的一些重要的学术观点和方法。例如，他认为通过嫁接可以改变遗传性，产生无性杂种。他认为在草本植物育种中，采取先获得纯种再进行杂交的办法，在果树育种上没有意义。因为"一年生水稻或玉米要获得纯种，需要种五代至十代，那么要把苹果变为完全同质的情形，至少需要几个世纪"。但是，米丘林也接受摩尔根学说中的一些新育种方法，例如辐射育种，他在晚年也从事了利用宇宙线、X射线和紫外线的研究，以促进植物发生变异的几率。

在科学技术进步的过程中，学者之间在理论、方法上产生不同观点，形成不同学派是完全正常的。尽管米丘林同当时苏联农科院院长、著名的摩尔根学派的代表人物瓦维洛夫所持的学术观点不尽相同，但瓦维洛夫曾经是米丘林工作的植物所所长，多次给米丘林以物质上的帮助，并鼓励其出书。米丘林的第一本著作，是瓦维洛夫给作的序。《米丘林50年工作总结》出版时，米丘林亲笔题写"给最尊敬的农业科学院院长H·N·瓦维洛夫，纪念我们的友谊。N·B·米丘林，1933年4月8日。"1935年6月1日苏联科学院12名院士联名提议选举米丘林为名誉院士，瓦维洛夫是第一个签名的，投票结果为36:4而得以通过。一星期后米丘林去世，瓦维洛夫在《真理报》上发表题为"功勋"的悼文。

瓦维洛夫与米丘林之间的关系值得称颂，而李森科打着米丘林的旗号行伪科学之实，必将成为历史的反面教材。

其次，是李森科不具备科学家的职业品德和严谨的科学态度。

利用玉米杂交优势是遗传学对人类的重大贡献之一，只是因为这是摩尔根理论体系的产物，李森科就一味贬低其意义。有人要搞杂交玉米，李就批判其为"崇拜资产阶级科学"，结果是由于否定利用杂交优势技术，苏联的粮食单产远远低于国际水平，并且长达20年缺乏这方面的系统研究。时至今日，俄罗斯农业落后带来的后遗症仍体现着李森科的余毒。

李森科在1950年发表一个物种可以在2至3代时间内突然变成另一个物种的理论后，让学术界大吃一惊。一位名叫卡拉别江的，在李森科任主编的《农业生物学》1952年第5期上发表报道称，发现一株鹅耳枥的树干上长出榛子树的枝条，以之作为新种突然形成的证据。后来有人出来证明，这是他在1932年嫁接的。李森科有个叫德米特里也夫的博士研究生，跟随李森科做从燕麦穗上产生野燕麦的生物学博士论文。尽管有李森科及其支持者的极力维护，终因事实不可靠，其博士论文几经反复，还是站不住脚。这一连串的事件，表明了李森科的学术前途已经终结。

第三，是苏联共产党和斯大林本人，对遗传学问题的瞎指挥、制造学术冤假错案，到了登峰造极的地步。

早在1935年，李森科就在第二次集体农庄突击队员大会上，大骂"资产阶级科学家是为资产阶级、富农阶级服务的敌人"，而博得斯大林的叫好。1937年瓦维洛夫被作为"人民敌人的帮（转下页）

青岛遗传学座谈会如期召开,有116余人(正式代表43人,列席代表73人)参加,全国遗传学界的两派主要的学者齐来与会。作为正式代表的谈家桢,还被指定为七人领导小组成员之一。8月10日的座谈会开幕式上,童第周作为会议主持人作了主旨发言,并报告被邀请专家53人,开幕式当天只有31位与会。

时任中宣部科学处处长的于光远,在开幕式报告中就旗帜鲜明地提出:"不赞成把摩尔根学派的观点说成唯心论";对李森科提出的"偶然性是科学的敌人"这一观点,于光远也明确地指出这是违背唯物辩证法的——因为在唯物辩证法中,偶然性和必然性是相互依存地结合在一起的一对范畴,不能隔裂。不能"随便给人扣唯心主义的帽子,更不允许你给人扣政治帽子","不讲科学态度,有成见,就会变成宗派"。于光远的发言直接传达了来自毛泽东的声音。毛泽东对遗传学研究的支持,对当时已是如履薄冰、面临夭折的遗传学研究来说,无疑送来了春天。

这令谈家桢深深地吁了一口长气,好似压在胸口上的一块大石头终于被彻底搬除了。如果前几年有人如同谈家桢一样受到批判、指责、诋毁、攻击,就不难体会此时的谈家桢那种如释重负的心情了。会场上有关领导同志郑重宣布了"不打棍子,不扣帽子,两派求同存异"的会议精神,许多与会的科学家真是异常兴奋,把几年来压在心里的话,一股脑儿地倒了出来。

座谈会按六个专题依次进行:① 遗传的物质基础;② 遗传变异与环境的关系;③ 遗传与个体发育;④ 遗传与系统发育;⑤ 遗传学研究工作;⑥ 遗传学教学工作。具体安排每个上午由第一、第二个专题和第五、第六两个专题一起结合讨论;有时也开大会。因各抒己见,讨论热烈,又增加了

(接上页)凶"遭逮捕后被害。次年李森科接任农科院院长,此后的十多年,坚持摩尔根观点的学者始终受压而不服,李森科一派随时间而自身的问题逐渐暴露,在1948年全苏农科院会议之前,李森科在学术上并不占优势,换句话说李森科的学术地位是不稳固的。只是由于斯大林的直接插手,施加了最大的政治压力,才使得李森科屡屡得手。

这里必须也应该说到黄青禾先生,他在大量史料的收集整理工作的基础上,为中国生物学界作出正确的选择,做了一件有分量的事情,其影响直到现在。更重要的是中国共产党、毛泽东主席在遗传学问题上,创造了"百家争鸣"的相对自由的氛围,避免类似苏联的情形在中国再度出现,使得中国生物学界的科研、教学等诸方面得以继续发展,这是李汝祺、谈家桢们的福祉,生物学界的幸事,国家之大幸。

1956年8月,青岛遗传学座谈会现场(右侧照片中前排左四为谈家桢)

三次,总计会议共14次之多,发言人数56人。曾因著作《植物分类学简编》一事受到李森科一派围攻的胡先骕先生出席了这次座谈会,不作为正式代表,按规定是没有发言权的,但会议还是给了其机会,并先后作了11次发言。谈家桢就"遗传的物质基础"、"关于物种形成和遗传机制"、"遗传和环境之间的关系"、"遗传物质的形状表现"等问题,作了多次发言。

谈家桢在会上说:"我们实在已经耽搁了太多时间,由于这些年中,事实上许多教授遗传学和实验研究的权利被无形剥夺,所以就拿不出新的研究成果可供交流与探讨,与国际遗传学界的差距也在进一步拉大。"摩尔根学派的众多学者受压多年,自己的科研停滞数年,会前的准备工作主要是查阅最新的国外资料,谈家桢也不例外。1953年,沃森、克里克建立DNA双螺旋结构模型,遗传学发展到了分子遗传学的新阶段,谈家桢多次讲到并撰文介绍这门学科的发展新动向和研究成果,是最早把分子遗传学介绍到中国的学者。

在交流的过程里,发现大学的摩尔根理论教学还在进行,苏联的多倍体、辐射育种技术还在继续并取得了不少成果。会议还邀请了国外学成归来的年轻俊杰,如施履吉(留美,中国科学院上海分院植物所任职)、赵世绪(留苏,北京农业大学任职)、翟中和(留苏,北京大学任职)、周嫦(留苏,武汉大学任职)等旁听了会议。他们带回国际上遗传学最新的进展信息,使与会者震动很大。

就以遗传的物质基础这一争论问题为例,在那时摩尔根等已经证实了基因在染色体上作线状排列;沃森、克里克已经阐明了构成染色体的脱氧核糖核酸的双螺旋分子结构；皮特尔、塔顿已经提出了一个基因一种酶假设，用于说明基因在个体发育和物质代谢中所起的作用。既然如此，似乎无须对遗传的物质基础问题再有什么争论了。然而，事情并非这样简单，争论的要害也并不是一个纯学术问题。

1996年，在《自然》杂志第18卷第3期上，刊登了一篇题为《分子遗传学五十年——理论与技术上的突破》的文章，其主要论点之一是认为：遗传学研究进入分子遗传学时代以后，基因与基因之间的界限，变得越加模糊不清了。其实，这一观点是早在20世纪40年代，由美国的遗传学家哥尔舒密特提出的。哥尔舒密特根据自己多年的研究心得和对当时遗传学领域现状的思考，提出染色体是一个不容分割的、许多基因的功能单位。这里的关键词是分割。哥尔舒密特用一个比喻来说明自己的观点：把手指按在提琴的某根弦上，随着手指的移动，会发出不同的音，如果将发音的弦分割下来，还能发出音吗？可见分割下来的琴弦不是功能单位，整根琴弦才是一个真正的功能单位。哥尔舒密特的主旨是：染色体才是遗传物质的功能单位，而所谓基因只不过是逻辑的外推结论而非实体。一个染色体发生了某一结构变化，可以导致该生物的后代中出现某种形态或生理变化。通过正常个体的杂交，可以测定这变化发生在染色体的哪一位置。摩尔根学派的研究者普遍认为，在发生变化前这一位置存在着一个正常基因。哥尔舒密特则考虑，杂交结果只说明结构变化发生的位置，可并不说明这一位置上，原来存在一个正常基因。

那么，基因究竟是实体，还是逻辑的外推？

事实上，随着遗传学研究进入分子遗传学时代，基因与基因的界限，非但没有模糊，反而更加明确了。

21世纪初，报载法国一患先天性免疫缺陷症的病人，由于通过基因治疗手段，输入了一个从正常人的染色体上取得的没有缺陷的免疫功能基因的克隆，而获得健康。这一基因在脱离染色体的情况下，发挥了预期的功能。可见，基因的确是遗传物质的功能单位，是实体，而染色体是众多基因的集合体。

科学的真实，是通过学者们群体性的不间断的研究，而去伪存真得到的。可能需要时间或过程，但不是靠争论得来的。可见，两个学派之争的重要意义，并不在于是否存在着独立于整个有机体外的遗传物质等纯学术问题,而是在于应该通过什么途径得出这样或那样的结论。

会议期间,有人介绍苏联专家谢洛莫娃在武汉大学讲学时提出的论点:"遗传物质是整个有机体或有机体本身,也就是一切生活物质都有遗传性。"辩证唯物主义思想强调世界上没有孤立的事物,因此,在她看来,整个有机体都是遗传物质,当然也就不存在着特殊的遗传物质——基因了。可见,李森科一派依据辩证唯物主义思想来判断科学上的是非,而摩尔根则更注重实验结果。哥尔舒密特把染色体看作一个不容"分割"的功能单位的论点,与把染色体看作许多基因的集合体的论点相比,更接近于辩证唯物主义思想,然而,实验结果肯定地说明,后者是正确的。

就以遗传的物质基础这一争论问题来说,无论从预想,还是实验方法、技术手段,还是科学的推论或结论,很显然,摩尔根学派占据了主要的发言权。这里要说明的是,科学要求真、求是,是一项非常严肃的工作,可以也允许出现错误的预想,但意识到其错误却一味为其维护并极力辩解,性质就更为严重了。

座谈会主持人于光远同志在会上一再强调:"解决这些问题不是哲学家的任务,科学的结论只能通过科学的完成去得到。"他意味深长地告诫道:"哲学家应该更多地向自然科学学习,而不应该站在自然科学之上,向

1956年8月,青岛遗传学座谈会与会者合影(一排右五为谈家桢)

自然科学发号施令。"可见，以于光远为代表的中国共产党、年轻的国家领导层面在对待科学等诸多问题上，是有清醒的思维和辩证远见的，其思辨选择的正确性和实施的方式，都无疑体现出一种科学的态度，这是新中国建设事业取得成功的战略保证。

座谈会上另一个争论的主要话题是纠正对摩尔根学派的批判，主要在于：一是唯心主义，二是脱离实际。

李森科有句名言："机会是科学的敌人。"这里他所说的"机会"是特指不可预见的基因突变。实质上，这不过说明李森科把概率这一概念误解或刻意曲解为"机会"。李森科还引用米丘林的一句名言："我们不能等待自然的恩赐，我们要向自然索取。"在他看来，利用偶然出现的突变来育种，是等待自然的恩赐；而所谓"同化环境的定向培育"才是向自然索取。可是，李森科向自然索取到了什么？李森科的所作所为的结果是什么？在李森科的领导下，苏联的农业全面停滞不前，他自己也不得不辞去全苏农业科学院院长的职务。

在中国的李森科的信徒，不谙科学的客观规律，不加分析地盲目追随，实在是可悲，更是不可谅解。

反观摩尔根学派的学者们，正是常把突变作为培育新的作物、品种的素材，进而掌握了一些规律，为我所用，为人类文明进步、经济发展等做了大量的工作：掌握了数量遗传和杂种优势遗传规律，便能提高玉米、水稻等作物的产量；掌握了DNA分子的部分客观规律，便能培育出转基因植物，利用基因治疗技术或方法来医治遗传疾病等。先不论国外的生物学家们的贡献，只要看一下中国的生物学家，特别是蔡旭教授的小麦育种、李竞雄教授的玉米杂交、鲍文奎教授的小麦多倍体等一大批学者的工作，哪一个不是在田间地头、实验室里夜以继日地工作，年复一年地为一个物种的品质提高、产量增产，做着自己的研究。再看李汝祺、贝时璋、胡先骕、谈家桢、李景均、盛祖嘉、施履吉、徐道觉等，不光在生物、遗传理论方面有所突破，在实验室范畴内，他们自己也经常选择、培育实验材料，设计实验方法，成百上千次地进行枯燥的实验，而最后取得成果。

就脱离实际而言，李森科一派与摩尔根学派的学者们比较，可谓差之千里。在李森科们看来，摩尔根整天数果蝇，对生产毫无实际意义。可是，如果没有这些基础的理论研究工作，能有今天的人类基因组研究的进展

青岛遗传学座谈会晚间自由讨论会场

吗？能有日后根据基因组研究而取得的难以计数的新药吗？知识就是力量，科学技术就是第一生产力。没有点滴科研的突破，何谈科学技术进步？知识可以产生经济效益，同时也可以产生新的知识。即使今天的知识不产生经济效益，明天积累起来的知识必将产生更好的经济效益。更何况，知识本身还是一种精神财富，除经济利益外还兼具社会功能。批判科学的本身，是社会的倒退，是人类文明的羞耻。

座谈会白天的正式发言往往是规行矩步，而晚上的自由交谈却更精彩。有一天北农大的李竞雄教授问于光远同志："究竟我们摩尔根派，真是反动还是别人强加给我们的？"于光远直接答曰："我们从来没有说摩尔根学派是反动的，我们现在也不认为摩尔根学派是反动的。把大家组织在一起讨论，不就是最好的说明吗？"

以李森科一派为代表的米丘林生物学，是1948年以后才传入中国的，本来就先天不足，在乐天宇之后也再没有出现强有力的学派领军人物，主要靠行政力量的支持而达到"一统天下"的局面。对其政治上的"保护伞"一旦撤销，在学术层面根本不是摩尔根学派的对手。主办方立即发现与会的众多知名的生物学家中，北大的李汝祺、复旦的谈家桢因气质、才华和以往的出色科研成果，以及他们的学生们组成的中国遗传学团队，显得非常突出，是这个领域里的"翘楚"。这或许是会议的另一个目的。

摩尔根和李森科两个学派的学者，能在青岛遗传学座谈会这个平台上,首次"公平地"面对面地进行学术交流与探讨,打破了学派之间多年相隔的沉闷学术空气。也许由于中国文化传统有别于苏联,也许由于中国生物学界的两派在学术层面上实力过于悬殊而并不在同一层次,也许由于会议主办方还是非常注意对米丘林学派学者刻意保护,也许由于与会两派学者都能严格遵守会议精神与要求,总之结果是青岛遗传学座谈会期间,没有出现如苏联1948年八月会议上那样两派尖锐刻薄的对话;相反,两派学者都表示,可以有条件地接受对方的某些观点。如摩尔根派学者说,在有特定情况下环境可能对遗传发生作用;李森科派学者则表示,如果不限于染色体的话,可以承认有遗传物质。

在这样的会议大环境里,还有中间派的声音,即所谓学术"墙头草"、"糨糊派",使得这次座谈会的意义略显模糊,稍有缺憾。会议期间,李竞雄教授旗帜鲜明地反对这种"调和派或中间派",认为这是不讲科学,不讲是非。李教授这种对科学是非的执着精神,更是难能可贵。或许在知识分子、科学家的骨子里,要是没有这种精神,科学何谈纯粹,技术何谈精深。

经过半个月的讨论,主办会议的预期目标圆满实现。摩尔根学派的学者们兴高采烈,兴奋不已,因为过去一段时间内李森科一派"一统江湖"的局面结束了。而李森科派虽很无奈,毕竟保全了面子,至少在形式上两厢不分胜负。

这是一次心情舒畅的大会。时年47岁并有好酒量的谈家桢在会餐时,酣畅淋漓地醉了;北农大教授李竞雄大声说的第一句话是:"我是Morganism!"他们都是学富五车的学者,能有这样的表现,可见事前的压抑有多深。会后又有人到中宣部部长陆定一处告状,陆定一的回答是:"你们骂了人家那么多年,还不许人家骂几句?"谈家桢闻后更加气顺。

谈家桢认为,从严格意义上而言,青岛遗传学会议还不算一个学术争鸣的会议,因为中国的遗传学两派的学者还没有建立在科学事实基础上的共同语言,科学上的争鸣缺少扎实的、坚定的科学依据,缺少科学发展内在的动力。谈家桢自己感到,由于这些年没有做什么研究工作,缺乏第一手研究成果,观点阐述只是依据资料文献,使得争论显得软弱。但是,青岛遗传学会议还是起到了伸张正义的作用,为摩尔根学派争得了一个与米丘林学派"平起平坐"的地位,纠正了当时政治上胡乱干扰学术问题的影响,澄清了科学研究思想的本源,是遗传学在中国的一次重要历史转折。

第12章

西湖烟雨读书处　指点江山存佳话

1957年5月后,反右运动、大鸣大放[1]开始。

生性不羁、心直口快的谈家桢,认为自己是在贯彻"百家争鸣"的精神,作为著名的民主人士是在对党提出善意意见,有啥说啥,积极参加鸣放。特别是在亲身参加青岛会议、全国宣传会议期间,聆听了毛泽东主席的讲话与勉励,信心十足,勇气十足,直言不讳地在三个问题上提出了自己的看法。

一是关于院系调整问题。谈家桢认为,把包含文、理、法、工、农、医等学科的综合性的浙江大学,拆成各自独立相对专科的院校,显见对培养学生不利,对工、农、医学发展不利。他指出:综合性大学的基础课师资有着很强的优势,拆散以后的院校,基础课相对薄弱许多。

二是关于学习苏联问题。谈家桢认为,由于全盘学习苏联,致使中国遗传学事业受到巨大损失。李森科借用斯大林的影响力,倒行逆施,不仅没有改变和挽救苏联的农业落后局面,反使社会主义阵营的其他国家,在不同程度上受到了"李森科主义"的影响,后果严重。

三是关于科学院机构建设问题。谈家桢认为,从欧美各国国家科学院

---

[1] 时任上海市委书记柯庆施亲自主持了十余次高级知识分子座谈会,鼓励鸣放,对党提批评意见。每次会议安排二三十位像谈家桢那样有代表性的人物参加。

1957年5月11日至20日,上海也召开了宣传工作会议,大会发言8天,大鸣大放。5月22日,上海市政协会议开幕,兼任市政协主席的柯庆施作报告,仍鼓励大家鸣放,说"放了就没有收的时候"。

毛泽东为党内高级干部写的文件《事情正在起变化》早在两天前下达。起因是在中央统战部召开的民主人士座谈会上,有人放出要与共产党"轮流坐庄"以及中国也要有"海德公园"等论调。罗隆基甚至说出"现在是马列主义小知识分子领导资产阶级的大知识分子,外行领导内行"等言论,引起毛泽东的警觉。6月8日《人民日报》以头版头条地位刊出《这是为什么?》评论员文章,反右斗争随即打响。7月1日,《人民日报》又发表毛泽东执笔的不署名社论《文汇报的资产阶级方向应当批判》,敲定反右重点是章罗同盟,而《文汇报》正是它的喉舌。所有曾在私底下发牢骚的老老少少的知识分子,成了待锄的"毒草"。

体制来看,国家科学院通常只起到全国性科研工作的指导与协调作用。但在中国科学院机构庞大,成为一个研究实体。规定研究院搞研究,大学只管教学,这不是一种先进的做法。他指出,大学要办研究所,让科研和教学互相促进,把科研和教学有机地结合起来。

这三条意见或看法,是经过认真思考并根据大学任务的实质,结合中共中央宣传工作会议及毛泽东主席讲话精神并予以总结的肺腑之言。然而,谈家桢提出的这三个问题,尤其是"学习苏联"问题,在当时仍是一个十分敏感的事情。尽管自斯大林逝世以后,中国已经开始检查这方面的利弊,对李森科问题产生的影响开始反思与纠正,但问题总需要一个认识过程。殊不知,他的看法与言论已被定性为反苏、反党言论,碍于他在学术界的特殊地位和影响,上海市委保留了一顶"内定右派"的帽子。

当时负责上海教育卫生工作并兼任复旦大学党委书记的杨西光,接连几次找谈家桢谈话,要他看清楚形势,要有所收敛并关照要三缄其口。同时,谈家桢自己也看到一起去北京怀仁堂开会的上海文艺界的四位代表,除赵丹被保下来外,吴茵、石挥、吴永刚均已被打成右派分子。他忧心忡忡,担心自己的处境,如果被打成右派,把遗传学搞上去的宏愿将成为泡影。

中宣部主管文艺的副部长周扬在上海时,同意不划傅雷为右派,柯庆施当面赞同不划,但事后仍将傅雷补划为右派分子。在柯庆施手里的右派名单里,谈家桢是否在列,不得而知。

为了挽救谈家桢,杨西光还亲自登门,肯定谈家桢对党还是好的。

有些人被戴上右派帽子,谈家桢是想不通的。

张孟闻的罪状是他提出麻雀既是害鸟又是益鸟,就说他与毛泽东主席提出的"除四害"唱反调,因而上纲上线为反毛主席言论,定为右派。虽然在个人关系上,在浙江大学时两人之间存有芥蒂,关系也不融洽,但张孟闻由此而成为右派,谈家桢暗自为他叫屈。

令谈家桢深感惋惜的是,他在浙江大学时的最后一个得意门生高沛之,也被打成右派。

高沛之是一名很有才华的青年教师,精通英文、法文、德文和俄文,在学生时期已直接与辐射遗传学奠基人、诺贝尔奖金获得者穆勒教授通信联系。高沛之基础扎实,知识面宽,在复旦大学素有"活字典"之称,看书过目不忘。高沛之曾开过《米丘林遗传学》课程,但他的学术观点始终是经典遗传学的,由于融会贯通,互为比较,又以他的理解来授课,讲课清晰透彻,受到学生欢迎。高沛之也是教师团支部书记,有一定的活动能力。谈家桢深爱这位弟子,认为其是最为突出的学生之一。

青岛遗传学会议后不久,苏联著名的植物分类学家、科学院的元老苏卡契夫来华并去云南进行植物考察,高沛之作为植物生态学家兼翻译陪同前往,前后约半年时间。苏卡契夫反对李森科那一套,态度坚决,从苏卡契夫那里高沛之了解到苏联遗传学界的状况和李森科下台的消息。高沛之在思想上接受了苏卡契夫的影响,在云南时,曾写了一封措词激烈的信,给复旦大学党委,从苏联李森科下台,联系到中国共产党对科学工作的领导问题,指出:党委不要插手遗传学问题,遗传学问题可以放手交给谈家桢去搞。

复旦大学党委原不准备公开此信,对高沛之采取保护政策,这一点谈家桢是清楚的。高沛之回校后,谈家桢着急地规劝:你现在是党委保护对象,运动已近尾声,说话一定要慎之又慎。又谈到:信中的一些说法涉及党的领导问题和专家治校问题,这些说法已经清楚地表明了属于"右派"言

1957年7月7日,毛泽东在上海接见上海各界代表人士
毛泽东与右下角的谈家桢热情招呼:"老朋友啦,谈先生!"

论,你千万不要再说了。但是,血气方刚的高沛之,一条路走到底,并贴出大字报,说谈家桢压制他"鸣放",依然扩散他的观点,再加上有人为此大做文章,事态越演越烈,党委再也保护不了他,只能将信公之于众,供人批判。这样,在反右斗争后期,生物系又增加了一个"右派"。

1957年7月,毛泽东主席来到了上海。

正在复旦大学上班的谈家桢,突然接到一个重要会议通知,地点在上海中苏友好大厦,时间是7月7日下午,他匆匆赶去。到达之后才知道,是毛泽东主席指示上海市委,组织并接见一批民主党派负责人和社会各界的代表。因为几个月前,刚刚在怀仁堂见过面,所以毛泽东一见到谈家桢就显得分外亲切:"老朋友啦,谈先生!"又说:"辛苦了,天气这么热,弦不要拉得太紧嘛!"

正是毛泽东的这一热情招呼,摘掉了戴在谈家桢头上的那顶"内定右派"的帽子。

所谓好事多磨,谈家桢的个人命运也多波折。谈家桢在反右运动过程里,虽与张孟闻、高沛之等人命运不同,但随着日后接连不断的政治运动与批判,那种向往已久的宽松气氛日渐消失,他对"双百方针"本来意义的认识,开始感到困惑。

青岛遗传会议后,谈家桢公开发表了《我对遗传学中百家争鸣的看法》,反响强烈,有许多人写信来表达各种不同的意见,更多的是要求到谈家桢那里进修遗传学。

在复旦大学,经过谈家桢的敦促与协商,生物系率先恢复了经典遗传学的讲授。但是,谈家桢历来不主张将遗传学以个人名义来命名,如摩尔根遗传学或米丘林遗传学,所以在他的主持下,他开设的课程名称为《细胞遗传学》,与刘祖洞一起承担教学,讲的内容则是孟德尔-摩尔根的遗传学说及其最新进展。

1957年考进复旦大学生物系本科的莫鑫泉回忆道:当初在人民日报看到谈家桢写的《我对遗传学中百家争鸣的看法》,因感到非常有兴趣,遂产生报考意愿并被幸运录取。也因青岛遗传学座谈会的效应,复旦才恢复摩尔根遗传学的教学。莫鑫泉那班生物系的学生必须同时学习摩尔根、米丘林两门遗传学课程。《摩尔根遗传学》由刘祖洞教授主讲,而《米丘林遗传学》的主讲老师虽然在课堂上振振有词,但因内容贫乏和缺少逻辑性,学起来枯燥无味。尽管如此,但因政治倾向明显,有的同学认为学好米丘林、拥护并为其辩护是思想进步,靠近党、团组织的具体表现。谈家桢则主讲《达尔文进化论》。在20世纪50年代达尔文进化论已经发展成为现代综合进化论。摩尔根遗传学的渗透和一些著名的数理统计学家如Fisher, Wright等运用数学方法计算一个变化的基因在群体中的漂移的命运,为达尔文进化论增添了新的内容。谈家桢的导师之一杜布赞斯基就是现代综合进化论的缔造者,所以谈家桢讲授这门课当然是得心应手。还是因为青岛遗传学座谈会的原因,谈家桢在讲课时不必忌讳有人上告他贩卖"私货",他可以把摩尔根遗传学的要义,结合国际学术上的最新进展,融合在进化论中深入浅出地介绍给学生,学生们则聚精会神地听与做笔记,不知不觉,一堂课就很快过去了,学生们感觉意犹未尽。课后莫鑫泉还时常问些不解之处,谈家桢都很耐心地一一作答,对于有些复杂问题,也常以"向前看"来开导莫鑫泉,因为科学在发展,等到遗传物质的化学结构搞清楚了,争论也自然结束。莫鑫泉经常发问,引得谈家桢非常高兴,邀学生有空到家里坐坐。当莫鑫泉去时,谈家桢的夫人傅曼芸拿出茶和糕点招待,这杯茶使日后任职中国科学院遗传与发育研究所研究员的莫鑫泉一生感到老师的关怀并记忆犹新。

李育阳也是因谈家桢盛名,于1957年考入复旦大学生物系。二年级时分配专业,由于竞争太过激烈,他未能如愿进入遗传专业。大学毕业后李育阳留校,师从当年刚从苏联进修回国的李君璎,参加放射微生物学的研究。在文革期间,李育阳成为工业微生物专业的一名老师,参加工业微生物育种实验的教学工作,以及石油发酵柠檬酸、石油发酵蛋白酶的育种工作。在学校遗传学研究所调整充实时,李育阳与其他10多位在微生物教研组工作的同事一起,被调入遗传所微生物遗传学研究室,后来又成为新成立的遗传所遗传工程研究室的一员。就这样,李育阳如愿进入了遗传学领域,有幸直接接受谈家桢、盛祖嘉等先生的教育与培养。

葛扣麟于1951年考进浙大,1955年在浙江大学本科毕业,曾在申宗坦先生指导下,学习米丘林遗传学并完成毕业论文,毕业后留浙江农学院工作。葛扣麟对两个遗传学派都曾学习,他坦言对李森科采用马列主义经典著作的语录来阐述遗传机理,一直云里雾里,不得要领,例如一点一滴均可遗传、外部条件因素凡经新陈代谢或参与生殖细胞建成者均可遗传等观点,几乎是哲学代替科学。但是,葛扣麟毕竟对谈家桢上的《遗传学》课程有所了解,加上1956年有一段相对宽松的社会环境,葛扣麟读到谈家桢等合译的《生物学引论》和已在复旦工作的学长蔡以欣寄来的《青岛遗传学座谈会发言纪录》后,直感言之有物,尤其对孟德尔遗传学近期的发展成果颇有体会与理解,一颗年轻的、向往学习的心开始萌动,所以1957年他又考取复旦大学四年制副博士研究生[1],师从谈家桢、刘祖洞等先生。

谈家桢领导的遗传学教研室,其成员大部都是浙大的原班人马,因此每周一次的读书报告会照例进行。在外部社会环境纷扰的情况下,始终坚持科研与教学,这是谈家桢一贯的性格所决定的。当时远缘杂交、无性嫁接广泛用于育种实践,借以育成的新品种时有传闻。此类所谓杂种缺乏细胞学证据,无一例外呈现母本种的核型(后被称为"非精卵结合"的远缘杂种)。当时,DNA是否是遗传物质载体还在争论不休,质疑在所难免。谈家桢却在报告会上告诫、指导并鼓励学生说:孟德尔分离定律到交换连锁是应对挑战、直面矛盾冲突的突出例证,遗传现象是客观存在,是用科学的实验方法实验得到的事实,最为重要,不能一叶障目,刻舟求剑,机遇常存于意外和矛盾之中。

葛扣麟在油菜远缘杂交获得的白花油菜中,碰到奇遇:开黄花的八倍体油菜作母本与开白花的远缘种二倍体杂交,杂种一代为中间型淡黄花,形态如母本,并非预期的五倍体而是四倍体。自交二代,花色分离为从黄到白一系列花色过渡类型,对龙头病抗性表现突出。细胞学发现,八倍体母本存在特有的减数分裂和配子形成过程,会产生三倍体配子,相应获得四倍体杂种便成为可能。谈家桢对葛扣麟的这一意外实验结果非常关注,并亲自检查细胞染色体图像,亲自下基点田间勘察抗病性实况,并向科学院前来复旦考察工作的竺可桢先生介绍了这一实验。葛扣麟的科研思路也被这"意外中存在机遇"的实验结果给打开了。

据1959年考进复旦大学生物系生物化学专业的洪国藩回忆,与莫鑫泉

---

[1] 所谓"四年制副博士研究生",又是学习苏联学位制度的"新生事物",1956、1957两年全国一共只招收了两届,后因各种原因而停招。复旦研究生毕业后,葛扣麟即留在复旦遗传学教研室工作,文化大革命期间下放农村,实现"三同",做过猪倌。此时他已前后随谈家桢跨学校学习、同事超过25年,葛扣麟的这25年与国家教育部门在新中国成立初期的各种施政与实践同步,从一个角度反映了情况。

那届一样，遗传学有两门课程。刘祖洞在上摩尔根遗传学课程时，为了反击米丘林—李森科的所谓非基因学说，激动地在课堂上说过一句重话："把我烧成灰，你还能从中找到基因。"性格内向的刘祖洞能说这句话，既是反映了一种内心对当初处境的不满，也是讲解课程内容的实质；这是一种忿忿的情绪，更是追求真理的呐喊。谁都知道那时以谈家桢为首的中国摩尔根遗传学家们，为了科学、真理、求是，受了多大的打压和委屈。

1956年8月青岛遗传学座谈会结束后，谈家桢不失时机地于1956年9月在复旦大学办起全国第一个专门讲授基因染色体理论的研究班，招收研究生和进修生，以培养人才。谈家桢经过认真挑选，接受了8名进修教师和3位研究生。在谈家桢看来，要推动中国遗传事业的发展，人才是第一重要的。

庚镇城就是其中一位由山西师范学院（今山西大学的前身）生物系选派的进修教师。庚镇城在山西师范学院生物系任《植物学》、《米丘林生物

讲授基因染色体理论的研究班合影
前排左五起：刘祖洞、盛祖嘉、项维、高沛之
后排右四起：赵寿元、张忠恕、庚镇城、薛京伦、汪训明

学》、《达尔文主义》三门课程的助教,主要从事三门课程的实验课、答疑和主持讨论会。由于工作需要,他必须掌握动植物学、细胞学的基本知识,必须阅读拉马克、达尔文、海格尔等人的名著,更必须熟读教育部建议使用的由苏联专家(绥吉纳、杜伯勒维娜、图尔宾等)撰写的达尔文主义教材和遗传学教程,当然他还阅读了李森科、努日金、格鲁森科、斯丹达尔等米丘林学派权威人士的不少中、俄文论著。可以说,庚镇城已经认为米丘林学派是符合辩证唯物主义的、科学的,并是其坚定的"信徒"。

庚镇城作为进修教师是在一个下着秋雨的下午,来到复旦生物系(原300号楼)报到的。办完手续,办公室人员说要庚镇城到谈家桢办公室去见个面。庚镇城忐忑不安地去见大学者谈家桢。刚见面,谈家桢简单地询问庚镇城来自什么单位、做过哪些具体工作之后,话题一转,便言简意赅地讲起打破李森科学派一统天下的阴沉局面,开展百家争鸣的重要意义,并向庚镇城扼要地讲解了孟德尔—摩尔根遗传学的基本观点和利用果蝇做遗传学研究的诸多要点。虽然谈家桢的一口"宁波上海话"让庚镇城听得云里雾里,但他的叙述和论点让庚镇城非常明白,日后要学的遗传学与米丘林的大相径庭。

这个研究班规模不是很大,研究生、进修教师、旁听助教加起来总共十来人,但谈家桢对这个新生事物却倾注了大量精力,先后组织多位一流学者给研究班授课。刘祖洞教授讲授《普通遗传学》(使用辛诺脱、邓恩的《遗传学原理》作教材);高沛之先生对比两个学派的观点讲授《达尔文主义》;盛祖嘉教授讲授《微生物遗传学》;王宗清先生、项维先生讲授《细胞学》;请中国科学院的王洗、庄孝穗先生讲授《发生学》;余家璜先生讲授《放射生物学》;谈家桢则亲自讲授《进化遗传学》(采用杜布赞斯基的《遗传学与物种起源》作教材)。庚镇城还到人类学研究班去听吴定良先生的《生物统计学》和刘咸的《猿猴学》、《人类学》等。蔡以欣先生一边听课,一边带研究班学生到嘉定南翔等处采集果蝇并做果蝇遗传学实验。等学习任务完成,庚镇城作为一名年轻的学者,接受过两个学派的系统训练,最后,他选择了在实验基础上建立起来的遗传学作为终生的事业。

遗传学教研室的成立,也是谈家桢长期想搞的一件事,借青岛遗传学座谈会的东风,经过诸多努力后,由高教部专门拨款2万元而得以开展。1958年,谈家桢将复旦大学生物系的达尔文主义教研室正式更名为遗传学教研室,作为系主任的他亲自担任了这个教研室的主任。

遗传学教研室的教师共有13人,其中以谈家桢为首的摩尔根学派7人,米丘林学派2人,另有4人,也有部分新毕业的学生充实队伍,如张忠恕、张冬生等。在教研室里两个学派有时为分歧的观点而争得面红耳赤,但基本上处于你上你的课、我讲我的说法这种和平共处的状态。作为教研室主任,谈家桢虽然不同意2位老师所持的米丘林遗传学说的观点,但尊重他们的工作,生活上一视同仁。

青岛遗传学会议后,我国仍从苏联请了一些持李森科观点的遗传学家来华讲课、做报告,他们仍以"帽子"、"棍子"的方式,严重干扰国内遗传学研究的趋于正常的氛围。

1958年,苏联列宁格勒大学细胞学教授麦克劳夫应邀到北京大学讲课,有关部门要求搞遗传学的教师和研究人员前去听课。麦克劳夫在讲学中仍贩卖李森科那套,还说摩尔根学说的追随者鼓吹基因在染色体上,而染色体只是一个"人工产物",根本不承认细胞中存在染色体,更不用说承认1953年发现DNA分子双螺旋模型的伟大意义。

后来麦克劳夫又到上海开座谈会,谈家桢又被点名参加。在座谈会上,谈家桢、施履吉等人针锋相对地指出,遗传学的进展已能明确基因的化学结构和功能,视而不见这些科学事实是十分荒谬的。

1960年,科学技术出版社出版了吉洪诺娃的《孟德尔-摩尔根遗传批判》一书,这是苏联专家吉洪诺娃在1956年应武汉大学生物系邀请给研究生和进修生的讲课稿。书中开宗明义写道:"更重要的一点是,只有掌握了米丘林遗传原理,才有批判的武器,才能正确认识孟德尔-摩尔根派的形而上学与唯心的本质。"书中还进一步提醒人们:进步的米丘林遗传学的重要任务之一是对现代孟德尔-摩尔根主义进行批判性分析。

让谈家桢不解的事远远不止一件。

"双百方针"的贯彻遇到重大的阻力,在遗传学领域出现不正常的回潮,是有源头的。

苏联在1956年撤去了李森科的职务后,《植物学报》对李森科进行了集中批判。1958年,苏共党报《真理报》火力猛烈地批评了《植物学报》在批判李森科问题上的立场。赫鲁晓夫又出尔反尔地庇护、支持李森科,并在中央全会上点名批评了摩尔根学派的代表人物,苏联科学院院士杜比宁。

杜比宁是世界上有名的遗传学家,曾发现遗传因子的可裂变现象,发展了在群体中进行的自动过程的遗传学,并根据突变理论奠定了他选择高产植物品种方法的基础,进行了由辐射引起突变的实验,从而作出了宇宙飞行对人体无害的结论,并为一门新学科——宇航遗传学的形成奠定了基础。1956年,杜比宁被委托筹建西伯利亚的细胞学及遗传学研究所,并任所长。

1957年,赫鲁晓夫在苏联各媒体上指责杜比宁道:"杜比宁是米丘林学派的反对者,他的工作对科学及实践没有带来多少好处,如果他还有点名气,那是因为他在自己的论文及发言中反对李森科院士的理论与实践。"1961年,李森科被重新任命为列宁农业科学院院长,接着重演了1948年的一幕,这完全是赫鲁晓夫翻手为云、覆手为雨的做法。苏联的回潮现象致使我国在遗传学说上出现反反复复的做法,着实让谈家桢大为恼火。虽然学术界的气氛没有谈家桢预期的那么好,但还不至于倒退到青岛会议之前的处境。在以后的日子里,谈家桢的很多时间与精力消耗在大、小政治运动和各式各样的批判、斗争、学习等会议里,每天还有数不清的校务、系务等工作。他多么希望有一点时间致力于遗传学科研工作,做一些扎扎实实的基础性工作,为的是积累"资本",有朝一日使遗传学教学和科研全面展开。

1958年1月4日傍晚,谈家桢在复旦大学宿舍的家中刚吃完晚饭,突然接到上海市委的一个紧急通知,让他马上去锦江饭店,不明就理的谈家桢被上海市委统战部安排的小车,直接送至位于南京路的统战部机关。

当晚,已经睡下的新民报社社长、杂文家赵超构被叫起、连夜被接到此地,看到已先期到达的复旦大学的周谷城与谈家桢教授,三人面面相觑,惊疑参半,鉴于时下的政治气候,他们心里暗想:我们都是不久前刚刚保护过关的角色,难道又出什么事了?

人到齐并被告之要去杭州后,即驱车前往江湾军用机场,途径复旦大学谈家桢要求停车,并到宿舍传达室,请门房师傅转告夫人傅曼芸他要去杭州出差。小车转到机场,登上早已等候的主席专机时,他们才彻底明白是怎么回事。主席专机飞抵杭州已是晚上11点多了,他们再从笕桥机场乘车赶到刘公堤边的刘庄,已是子夜了。

毛泽东主席站在客厅门口亲自迎接,一一握手后打趣说:"抱歉,抱歉,半夜把你们揪出来,耽搁你们睡觉啦。"

刘庄地处西湖丁家山前的隐秀桥之西,号称西湖西山之下的第一名园,原为晚清广东香山富绅刘学洵之私人别墅,新中国成立后并入附近的康庄、杨庄、范庄而成浙江省委第一招待所。后来此招待所专门用作毛泽东在杭州的行馆,就不再对外开放了。刘庄三面傍湖,北面倚山(丁家山,也称康山),山高约40余米,因康有为曾在此隐居而闻名。山顶有三间砖木结构之古建筑,为四壁书橱之平房,毛泽东深爱此环境,就选在这所平房里读书。

他们三人随着毛泽东进入幽雅的小厅,但见窗明几净,陈设古朴,唯中央一张方桌,周围四把软椅而已。宾主四人团团坐了,此时窗外皓月当空,湖面碧波荡漾,真是清静之极。一支烟,一杯茶,博古通今的毛泽东便开始纵论古今,话题涉及生物遗传、逻辑、史学、哲学、文学等,也不时说些野史轶闻,调节气氛。

毛主席想引导赵超构办报搞宣传,一定要注意克服片面性,分清一个指头与九个指头的关系,要看到成绩,也要两点论,不能攻其一点,不及其余,就以宋玉的《登徒子好色赋》为例,幽默地说:"登徒子娶了个丑媳妇,蓬头垢面,豁唇缺齿,双耳卷曲,瘸脚驼背,满身疥疮……很难看是不?但登徒子却喜欢得着了迷,跟她生了五个儿子,还没个完。"说到此处,他将话锋一转:"你看登徒子对丑媳妇忠贞不贰,是遵守《婚姻法》的模范啊,但宋玉却说他好色。宋玉用的就是攻其一点,不及其余的方法。"赵超构听得频频点头,承认自己所写的有些杂文、评论正犯了这个毛病,确实有很大的片面性,不讲辩证法。

言谈中,主席反复说:"不论办什么事,都要从6亿5千万人民出发来考虑问题。"他希望这三位党外朋友"不要老呆在教室里、报馆里,应该到人民群众中去,去走走听听,去呼吸新鲜空气"。毛泽东紧接着还说了句在当时听来是句笑话,事后才知是个预言式的警告:"知识分子一定要走出书斋。如果你不肯自动出来,将来会有人把你们揪出来的!"

毛泽东邀请三位学者共进夜宵,对毛泽东来说这却是晚饭。因为来了客人,所以又特地加了两个菜,大家还都喝了一点酒。饭后,毛泽东谈兴更浓。

毛泽东问他在湖南念书时的老同学、历史学家周谷城:"你知道关公姓什么?"周谷城一时语塞,主席就笑着说:"关公杀了人,四处逃亡,过关时关吏查问他姓氏,他一时情急,只能以手指关,代替回答,从此便姓了关。"听得大家哈哈大笑。

毛主席这回着重与谈家桢探讨遗传学的摩尔根派和李森科派的论争问题,并再次关切地问谈家桢:"要把遗传学研究搞上去,究竟还有什么障碍和困难?"

面对毛主席关切的询问,谈家桢百感交集,青岛会议以来的种种甜酸苦辣一齐涌上心头:正是由于毛主席的关怀,才有了由中宣部、科学院和高教部联合召开的青岛遗传学座谈会,为摩尔根学派和自己脱去了"资产阶级唯心主义"的帽子。1956年,毛主席提出"双百"方针,我国的遗传学研究获得了发展空间,谁知紧接着反右斗争到来,自己又因为触及了院系调整、一切学习苏联的弊端等问题,而受到左倾势力的责难,差一点戴上右派分子帽子……上海市委那位以"毛主席的好学生"自居的一把手,实际上却并不重视自己的教学和研究工作,以致下面的干部对自己,也只当是照顾高级知识分子的一种"统战需要"而加以敷衍、利用,并没有多少实质上的支持和帮助。想到这里,谈家桢直抒胸臆:"'双百方针'贯彻后,情况确实有所好转,教研室成立起来了,我本人也可以开课讲授遗传理论了,但有些人却只是将这些看成是统战工作的需要,是一种对高级知识分子实行照顾的特殊政策,在思想上并没有真正尊重摩尔根遗传学派,因此进一步开展研究工作的阻力还是很大的。"

毛泽东主席要求谈家桢具体讲一下两个学派的不同或研究的角度等问题时,谈家桢有如下阐述:李森科是个外因论者。他的观点实际上与主席所阐述的内因与外因的辩证关系相反,因此也不符合辩证唯物主义。李森科的观点源于法国动物学家拉马克提出的"获得性遗传"的概念,典型的例子是长颈鹿的脖子如何变长的问题。这个概念主要基于简单的现象观察和推论,是一个粗浅的、不严格的概念,因为它没有把获得性和获得性状区分开来,对于环境对生物获得性状的作用方式没有阐述清楚,即没有把诱变和选择这两种不同的作用区分开来。比如,昆虫的抗药性问题,按照拉马克的观点,认为由于有了农药的使用,才使昆虫有了抗药性。而正确的理解是,昆虫体内的内因(基因)有抗药和不抗药两种情况,在不使用农药时是看不出来的;用药后就让它得到筛选,抗药的个体得以保留,不抗药的个体就被淘汰。经过一系列严格控制的实验证明生物遗传与环境的关系就是这样的。在遗传学上,获得性遗传的概念就逐渐地被抛弃了,很少有人再相信了。

接着谈家桢又说到:李森科抛出的东西的核心内容,也就是这一过时的概念。特别是他又打着马克思主义哲学的旗号,就更具欺骗性。他的根据春麦变冬麦,也是荒谬的。诱变的因素和选择的因素是分开来的,诱变是不定向的,而选择是定向的。李森科则把两者混在一起,认为环境可以定向地影响生物,把科学简单化到一两句话就能解决遗传学上的基本问题或理论,对于不懂遗传学专业的人来说,比较容易接受,有一定的市场。

李森科事件从苏联波及我国,有些问题值得深思。一是自然科学有无阶级性的问题,关于这一点马克思早就有明确的论述;二是不能用马克思主义哲学代替具体科学,因为两者的层次不同,马克思主义是高度的概括;三是学术问题老是跟人的关系混在一起,这很不好;四是科学有个应用的问题,例如对原子弹的应用,帝国主义可以用来恐吓别人,我们则可以和平利用它造福人类,人类遗传学也是一样,种族主义把它用作侵略的借口,而我们今天提倡优生,是为了提高人口的质量。

毛泽东仔细地听谈家桢把话说完,勉励道:"不要怕,要坚持真理,一定要把遗传学搞上去。"又加重语气说:"有困难,我们一起来解决嘛!"

或许,1958年时的毛泽东在思考领导新中国各方面取得成就的战略措施时,其考虑的深度与广度是旁人不可知的,但请谈家桢来"以人为镜",并通过生物学领域这个单学科来总体思考中国科学技术从什么角度发展并期望能尽快地赶超世界水平,是可知的,是有迹可寻的。

四个小时的畅谈后,已是凌晨3时许,毛泽东起来送客,说:"哦,不早了,不早了,你们太累了,请回去休息,我们改日再叙如何?"说笑着亲自送谈家桢他们三人走过临湖的一条将近三百米的曲径长廊,到门口上车。

月光下的西湖寂静无声,霜气氤氲中但见楼阁翼然,水湄错杂,诗人毛泽东一定是有所感了,所以就环顾三位学者并指着月亮说:"我们这样的聚会,也可称得上是一段'西湖佳话'了吧?"大家一边点头称是,一边与毛主席握手告别。

翌日早上8时许,毛泽东又叫身边工作人员打电话,邀三位共进午餐。

时任浙江省委书记江华宴请毛泽东和他的三位客人,席设杭州饭店,一共两桌。主席在主桌并坐北朝南,江华与主席对面作为主陪、东道主,谈家桢在主席左手,赵超构次之,周谷城则在主席的右手。

这天,毛主席请谈家桢坐在他的身边,边吃边谈各种问题,特别谈到我国的科学技术赶超世界先进水平的问题。毛主席对这个问题给予了极大的关心。

这顿午餐后,心情大好的谈家桢告别众人,轻车熟路地步行再次回到阔别已久的浙江大学求是村,直奔好友杨鸿才的家里。杨鸿才、徐乃谦夫妇为他专门准备了一大碗阳春面,向来好胃口的谈家桢一口气将面吃完,并与好友及邻居们,也是浙江大学的部分师生们,分享了面见毛主席的喜悦。

一介百姓谈家桢坐在好友的家里,自在坦然。吃着自己喜爱的阳春面,围坐着一群普通又亲切的朋友,这与在杭州饭店和主席一起吃饭的场面反差之大,是可以想象的。此时的谈家桢是真实的、平实的,但谈家桢此时的心情仍旧是高兴并激动着的,同时也是沉重的。因为,考虑到眼前的局势,要将新中国生物学、遗传学乃至中国科学技术引领到世界水平或赶超世界水平,操作难度何其大,从哪里着手,在谈家桢的脑海里思虑着……

西湖的烟雨将杭州的山水装扮得非常美丽。在这环境里,毛泽东、谈家桢这两个层面的人,思考着各自的问题,大墙内外都在为新中国如何尽快发展而殚精竭虑。领袖与百姓之间的心灵相通,是那个时代赋予的。

不管如何表述,谈家桢与杭州的缘分是肯定的。

1937年7月,谈家桢到浙江大学工作;1958年,他在西湖边的刘庄与毛泽东主席面见。对于这两次发生在西湖边的事件,谈家桢本人是有清晰的表述的。前者是谈家桢本人从事教育教学、科学研究的重要节点,意义非凡,是事业追求的延续,科学研究的高起点,科学救国理想的载体。谈家桢一生与浙江大学有着千丝万缕的联系,从个案角度而论,浙江大学是个人奋斗履历中的重要旅程。后者的意义则更加非凡,因为有毛泽东主席的看重与重托,使谈家桢从个人的努力,转为肩负国家层面的生物学科、遗传学科的发展,乃至新中国科学技术全面发展的引领性的任务,隐喻着更大的责任。这令谈家桢必须不计个人得失,不管前进道路上有万重困难,也需排除一切,来完成或达到建设新中国这座富有独特魅力的科学技术大厦的目的。

在刘庄与主席的面见,确定了谈家桢本人从一学者转换成一学科组织者或中国科学技术发展重要的参与、组织者之一。在这个事件后的二十多年,以及文革后的改革初期,人们可以看到谈家桢对中国科学技术发展作出的独特贡献和清晰的个人工作轨迹,其影响不可估量。

在这次会见后的种种运动中,谈家桢不断遭遇冲击与干扰,但谈家桢却通过不间断的努力,使得自己始终处于学科的前沿,眼光到处,利弊要害思辨之清晰,令后学或同行啧啧称奇与叹服。复旦大学从原有生物系发展到生命科学学院的成立,所有轨迹居然与中国生物学科之发展规划同步或略有领先,与世界同行水平不断接近这一切都离不开谈家桢的领导——可谓智者。谈家桢真正做到了不计个人得失,以一切为了学科发展得人才的博大心胸,招得国内外学子一起努力——可谓仁者。

在刘庄与毛泽东主席面见这一事件,是谈家桢一生中记忆深刻的佳话。

参 考 文 献

[1]《百家争鸣——发展科学的必由之路》.李佩珊等.商务印书馆,
   1985年.

[2]《中国现代生物学家传(第一卷)》.谈家桢、赵功民.湖南科学技
   术出版社,1985年9月.

[3]《浙江大学在遵义》.何柱承主编.浙江大学出版社,1990年2月.

[4]《中国现代科学家传记(第一集)》.卢嘉锡主编.科学出版社,
   1991年3月.

[5]《谈家桢文选》.谈家桢.浙江科学技术出版社,1992年8月.

[6]《情有独钟——麦克林托克传记》.[美] E·F·凯勒著.赵台安、
   赵振尧译.生活·读书·新知三联书店,1993年.

[7]《遗传学与百家争鸣(1956年青岛遗传学座谈会追踪研究)》.任
   元彪等编.北京大学出版社,1996年5月.

[8]《谈家桢与遗传学》.赵功民著.广西科学技术出版社,1996年6月.

[9]《刘庄百年》.罗以民著.山西人民出版社,1998年11月.

[10]《生物学大辞典》.谈家桢、马庆生主编.广西科学技术出版社,
    1999年1月.

[11]《赵超构传》.张林岚著.文汇出版社,1999年8月.

[12]《中国民主党派史》.孙晓华主编.辽宁人民出版社,1999年9月.

[13]《基因的萦梦》.谈家桢著.百花文艺出版社,2000年1月.

[14]《生命的密码》.谈家桢著.湖南少年儿童出版社,2000年10月.

[15]《罗宗洛》.黄宗甄著.河北教育出版社,2001年1月.

[16]《毛泽东与谈家桢》.张光武著.华文出版社,2001年8月.

[17]《中国遗传学史》.谈家桢、赵功民主编.上海科技教育出版社,
    2002年2月.

[18]《谈家桢传》(《院士之路》系列传记文学丛书).李建树著.宁波出版社,2002年10月.

[19]《Biology and Revolution in Twentieth-Century China》.[美]Schneider, L. 范岱年翻译.2003.

[20]《我与辞海》.李伟国、曹正文主编.上海辞书出版社,2003年9月.

[21]《毛泽东在上海》.世纪出版集团上海书店出版社,2003年12月.

[22]《毛泽东与上海民主人士》.尚同编著.中央文献出版社,2004年11月.

[23]《史海丹心——周谷城画传》.张光武著.世纪出版集团上海书店出版社,复旦大学出版社,2005年5月.

[24]《迷人的基因》.高翼之.上海教育出版社,2007年7月.

[25]《仁者寿(谈家桢百岁璀璨人生)》.赵寿元、金力主编.复旦大学出版社,2008年8月.

[26]《世纪谈家桢,百年遗传学》.复旦大学出版社,2008年8月.

[27]《达尔文新考》.庚镇城著.上海科学技术出版社,2009年9月.

[28]《晚霞随笔》.盛祖嘉著.复旦大学出版社,2010年8月.

[29]《贝时璋传》.王谷岩著.科学出版社,2010年10月.

[30]《谈家桢与瓢虫遗传研究》.吴燕华、卢大儒.自然,33卷第4期(2011年4月).

[31]《江南古县城——古镇慈城(上册)》.2011年6月编印.

[32]《江南古县城——古镇慈城(下册)》.2011年6月编印.

[33]《祖父谈家桢与青岛会议、刘庄夜谈》.谈向东,《一片丹心图报国》.上海教育出版社,2012年5月.

后 记

谈家桢是我的祖父。

谈向东[1]出生于1961年6月,作为谈家的长房嫡长孙,起名是很重要的事;谈家桢是一家之长,顺理成章地担任了这个角色。

我没有记错的话,1961年5月国际劳动节前后,谈家桢在上海锦江饭店再次受毛泽东主席的亲切接见;从1957年谈家桢作为党外人士代表,受邀出席在中南海怀仁堂召开的中央宣传工作会议开始,几乎每年都有一次受到毛主席的接见。在那个年代,被一代伟人关切是多大的幸事;6月呱呱落地的我,谈向东的名字也自然成为第一选择。

谈家桢与谈向东(1962年)

谈沅、杨允庄、谈向东、傅曼芸、谈家桢、谈龙(1962年)

---

[1] 谈向东,男,1961年6月生,浙江宁波慈城人,上海海洋大学食品学院制冷与空调工程系制冷工程教研室,副教授。

浙江大学校史研究会特聘研究员(2010年9月,浙江大学社会科学院、浙江大学校史研究会联合确立《谈家桢研究(项目编号:Xsyj2010-10)》,于2012年2月浙江大学校史研究会结题);

复旦大学校史研究特约研究员(2010年11月,复旦大学文科科研推进计划"金穗"项目立项《谈家桢教授生平研究,项目编号:10JS060》,研究课题正在进行中)。

儿时记忆里的爷爷,是和蔼可亲的。随我如何调皮,都不会轻易受到责罚;哪怕小手打到他的脸上,却满脸笑呵呵的……

1962年初冬,一位报刊记者在采访谈家桢的时候,拍摄了一组以家庭生活为背景的照片;其中,一幅是少小无知的谈向东小手乱拍谈家桢的脸;另一幅是被祖母傅曼芸环膝而抱的全家福。

向东作为一种标记,寄托了谈家桢对未来的多少希望啊!

2008年,复旦大学准备为谈家桢做百年庆典;为协助这次活动,我积极配合复旦大学各部门,做了《世纪谈家桢 百年遗传学》画册和《世纪谈家

谈家桢百年庆典的部分出版物

桢》近半小时的视频资料等具体工作;方知,原来熟悉的爷爷与谈家桢是这么的不一样。

为了这次活动,复旦大学党委、行政和宣传部、各单位、部门做了大量

2008年9月15日,复旦大学校门口橱窗的布展(标题页)

的准备工作；遗传学研究所、遗传工程国家重点实验室、生命科学院更是责无旁贷，专题做了很有质量的13幅反映谈家桢生平和业绩的宣传品。

民盟中央主席蒋树声到会讲话（2008年9月）

上海市委副书记殷一璀讲话（2008年9月）

当人们走进2008年9月15日的复旦大学校门，看到这《世纪谈家桢　百年遗传学》的主题宣传品时，就会知道：今天是"谈家桢日"。

2008年9月15日上午，由复旦大学主办，复旦大学遗传学研究所、遗传工程国家重点实验室、生命科学学院协办的"谈家桢先生百岁华诞"庆典在复旦大学校园的光华楼隆重举行。

蒋树声、殷一璀、王生洪、杨卫、陈竺等同志在庆典上的讲话，从不同层面回顾了他们了解的谈家桢和评价；这些不仅让向东深深感动，也得到了

2008年11月，复旦大学师生举行缅怀谈家桢教授座谈会

一次很好的学习。

2008年11月1日，祖父谈家桢过世后，应邀出席了复旦大学等单位、部门追思爷爷的座谈会等，在这些活动中我深切地感受到党与国家对谈家桢的关心，体会到复旦大学师生对谈家桢的爱戴；在众多领导、师生们情真意切的讲话、座谈中，我更发现原来的爷爷与现在了解的谈家桢是这么不同。

对爷爷谈家桢从"熟悉"到陌生，是一个重新认识的过程；随之，对爷爷的崇敬之情，油然而发。

于是，向东就有一个写纪念文章的想法。

首先，我拜读了赵功民先生的《谈家桢与遗传学》；据后考证，这是1990年前由广西科学出版社提议，赵功民先生亲笔，谈家桢亲自审定的出版物；这是一份可靠的、史料翔实的资料与文献；难得。

更为难得的是，也许是冥冥之中，1985年向东在上海的路边旧书摊上，用自己工资购买的原标注1元8角钱，却用1角8分钱随手买的《遗传学座谈会发言记录》和后收集到的《遗传学与百家争鸣（1956年青岛遗传学座谈会追踪研究）》，成为构想写就《谈家桢传》一重要章节的基本素材。

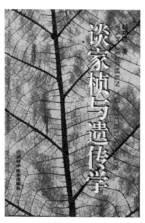

关于谈家桢的部分相关著作

2008年和2009年，我应邀加入"谈家桢生命科学奖"技术评审委员会，并直接对第一届、第二届申报参评的各位生物学界学者所做的业绩，进行技术评审工作。该奖是由谈家桢所在复旦大学的学生毛裕民、谢毅两位教授领导的联合基因集团有限公司，出资1 000万元人民币，经国家科学技术部批准同意设立，并由上海市生物医药行业协会承办的。

国家科学技术部"谈家桢生命科学奖"登记证书　　　谈向东应邀成为"谈家桢生命科学奖"评审专家

通过参与评审,我看到我国生命科学兴旺发达的图景,感觉到中国的生命科学学科后继有人,更有21世纪是生命科学的世纪,并在中国生根开花的美好远景与展望。在2009年中国科学院、工程院的两院院士评选中,第一届"谈家桢生命科学创新奖"获得者程京教授,被增补为2009年度的中国工程院医药卫生学部院士;第二届"谈家桢生命科学创新奖"提名者中,有孔祥银研究员、舒红兵教授、谭天伟教授三人进入各自学部两院院士增补的第二轮评审;后舒红兵增补为2011年度中国科学院院士,谭天伟增补为2011年度中国工程院院士。对于一个新设置的奖项能获得这样的关注,取得这样令人鼓舞的成绩,足以令人欣慰。这也是"谈家桢生命科学奖"设置的目的之一。

浙江大学张曦书记颁发特聘研究员聘书(2009年12月)　　　特聘研究员聘书

浙江大学领导与16位首批特聘研究员合影（2009年12月）

能有幸参与其中，向东感到自豪。

2009年12月30日，浙江大学校史研究会成立大会，在浙江大学紫金港校区图书馆四楼会议室召开。浙江大学校史研究会的成立，目的是为深入挖掘百余年办学的丰富校史资源，大力弘扬"求是创新"精神，营造文化育人、科学发展的良好文化氛围，加快推进世界一流大学的建设进程。

向东做了浙江大学校史研究会的首批特聘研究员。我感受到国家对教育教学的重视、对学校科学研究的支持。我关注到浙江大学对以贝时璋、谈家桢等为首的生命科学体系的重视与关切，对"谈家桢教授研究"则是总结以往、提升并引领已四校合并后的浙江大学办学方向、文化建设的高度。"特聘"是有多层含义的，向东惶恐。

我在2008年、2009年、2010年初的这段时间里，走访了浙江慈溪，到祖屋看看；到江苏溧阳寻访敦睦堂谈家，并沐浴、清茶读看谈氏家谱；到浙大为筹办"谈家桢先生纪念馆"做前期准备与配合工作；也陪邱蕴芳到江西上饶出席"邱蕴芳实验学校"的建成揭牌等活动。所到之处，我在感受社会、学校、学生、家人对谈家桢先生的尊崇、敬爱与关怀。

作为谈家桢的亲人与后代，我能做些什么来回报呢？

后　记

  2009年2月16日,上海科技教育出版社的叶剑编辑,原同济大学化学系的研究生,打电话给我,正式提出要出版一本更完整的《谈家桢传(暂名)》的想法。这与向东的想法不谋而合,原来想做一些事情的冲动,完全可以用这种方式来表达,并回报国家、社会与复旦、浙大等学校。考虑到自己不懂生物学科,难免画猫以为虎,酌请教上海第二军医大学原副校长傅继梁教授并得到支持后方允试之。

  通过撰写《谈家桢传》并深入后,我在其中发现:新中国科学技术的发展是以生命科学学科为实验对象之一,六十年来反反复复地探索,从国家层面领导人亲自参与、专业领域内各位科学家不断努力而坎坷向前的脉络;事实上,谈家桢正是在这场"实验"当中,始终处于"风口浪尖"。我越发感到这段历史或史实的写就,不仅是对谈家桢的回顾与纪念,也是为国家生物学科、遗传学、生命科学的简史做一个小结,更是对新中国科学技术、教育事业的发展过程,有一个角度的诠释。

  时间节点为经,谈家桢学习、生活、教育教学、科研活动、社会活动与事件为纬;这是记录谈家桢,也是《谈家桢传》撰写构建的网络或框架。向东感觉只有这样,才是比较全面地反映谈家桢这百年璀璨人生的方法。

  由于谈家桢人生阅历的丰富性,很多事件或故事不得不以一个章节来纪录。这样的记录形式,更加丰富了《谈家桢传》,使得时间经、事件纬交叉重叠后,可读性方面更有条理,也有专题可看了。

  例如,"院系调整归复旦,学术之争与双百",记录时间为1951年至1957年,从一个角度集中反映了几个事件:(1)院系调整;(2)摩尔根、米丘林(李森科)学派对中国生物学界的影响与反思,以及青岛遗传学座谈会;(3)这个时段谈家桢从事教学、科研与翻译《生物学引论》;(4)"双龙争珠"事件与佳话。另外,配以多幅第一次正式发表的珍贵照片,可读性、史实性颇强。

  再如,"浙大文军始长征,东方剑桥誉海外",记录时间为1937年至1945年,为浙江大学西迁全过程里,谈家桢的所作所为。(1)一句承诺,身体力行,在竺可桢校长的率领下,几度迁徙却不改教育教学、沉浸于遗传学科研的忘我精神,文字虽不激昂,却平实地纪录点滴,反映了谈家桢从一个年轻学者,磨砺中成长为教育教学工作者的过程;(2)科研积累是成功之母,湄潭期间的专心研究,取得了丰硕成果;(3)浙大环境与同事们

1992年,大陆科学家访问台湾代表团一行12人在北京机场出发前留影(后排左二为谈家桢)

的友谊与"风波",可谓谁没有年轻过;(4)从一个人的角度或亲身经历,部分反映了竺可桢对浙大的教育教学、科研思想以及全面管理,诠释着"东方剑桥"实至名归。

这两部分的内容详多,以后在《谈家桢传》的正式版中,可能会再分为几个章节来叙。

三如,"八十老翁台湾行,宿梦宝岛夙愿还",纪录时间横跨1989年至1994年,集中地反映谈家桢作为大陆科学家首次访问台湾的事件,其中曲折与来龙去脉,以及访问过程与结果,也从中解读谈家桢作为教育家、科学家、社会活动家多重身份,访台期间的所思所想,为国家教育、科技发展所做的种种努力等情节。

四如,"国家命运系心间,教育教学是根本",记录时间1990年至2007年的一个较长时间段内,对国家命运,特别是教育、科研体制问题的具体思考过程。其中,反映了谈家桢各时间段的发言、建言献策、考察与交流等相关历程;最后,以浙大百年校庆、新浙江大学四校合并等具体事件作为结尾。以一个普通教育工作者,积极响应"科技兴国"并坚定地拥戴,将国家命运系心间,信奉教育并培养人才是根本,做了不普通的、大量的、力所能及的工作。

五如,"西湖烟雨读书处,指点江山存佳话",记录时间1957年至1958年比较短的时间,却有反右运动、"西湖夜话"等事件的详细记录。

六如,"年过半百临风处,复旦遗传领潮流",纪录时间1959年到1965年期间,其中有:(1)辐射遗传国际合作科研和培养学生;(2)谈家桢初任复旦大学副校长;(3)再次接受毛泽东主席接见;(4)全国巡回宣讲遗传学情况;(5)广州会议及其他内容,等等。

到2010年5月间,《谈家桢传》素稿清样的撰写,在向东的努力下,已有25个章回,将近35万字和300多幅各类图片与照片;其中,有不少于五成的照片是第一次公开发表的。可谓洋洋大观,框架稿可以说是初成了。

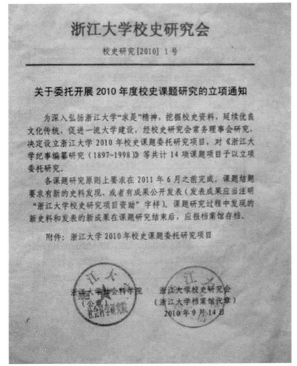
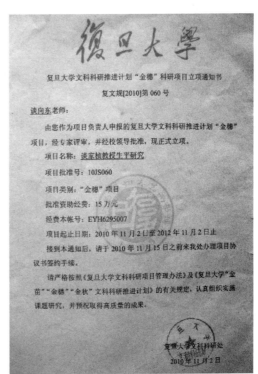

浙江大学和复旦大学对《谈家桢传》写作的支持

向东在撰写《谈家桢传》的过程里,得到的支持与关怀是多方面的。

浙江大学和档案馆、校史研究会、生命科学学院等部门单位的许多领导,在看了向东用将近1年时间粗写的《谈家桢传》框架稿后,提议用立项的办法,意在能举全校之力,支持向东的这项很有意义的工作。于是,在2010年5月,以"《谈家桢传(暂名)》清样或手稿编写"题目立项,准备用2

年左右的时间,来更好地完成《谈家桢传》的写作与考证等工作。

一直关注向东撰写《谈家桢传》的复旦大学各级领导,除了用行动支持并方便向东的写作外,还积极组织人员或力量来协助向东的工作。让向东更为感动的是,杨玉良校长、秦绍德书记于2010年6月4日星期五的上午,先后放下手头的学校繁多工作,抽出时间与向东进行了长达2个小时的专题询问。通过交流,他们一致肯定了向东已经做的部分工作,提出了一些恳切的建议和想法,并再一次做了举全校力量,来支持向东撰写《谈家桢传》工作的决定。6月12日,时任复旦校长办公室刘季平主任出面协调并安排校档案馆、校史馆、文科科研处、出版社等的领导与向东见面,落实相关事项和聘向东为复旦的校史研究特约研究员等工作。

浙江大学和复旦大学对谈家桢研究工作的支持

学校名	项目名称	项目编号	资金(万元)	校史研究员	备注
浙江大学	谈家桢研究	Xsyj2010-10	0.5	特聘	
复旦大学	谈家桢教授生平研究	10JS060	15+30	特聘	

浙大、复旦的大力支持,让向东感到意外;同时,更有信心为《谈家桢传》的撰写工作而努力;两校的专门立项为《谈家桢传》的扎实推进,垫下了厚实且良好的基础;两校先后聘向东为校史研究员的举动,更是前所未

2011年,谈向东家中为写《谈家桢传》而专辟的工作角

有地表达了两校在举国为十二五教育规划大讨论期间,以谈家桢先生的生平用传记的形式,来推进各自学校文化建设和发展的想法或抓手之一。这一切让向东深深地感到幸运:国家为教育事业已全面打开了发展的空间;各学校都非常努力,攻坚克难;《谈家桢传》的撰写正逢其时。也正是这些原因,向东愈发感到责任重大并自感如果不做好的话,上对不起国家、对不起复旦、浙大等学校、对不起社会各界的支持;下对不起自己为撰写《谈家桢传》所花的心血。但是,随着撰写的深入,同时也是史料之丰富,向东已经欲罢不能;又担心因自己水平所限而成稿的《谈家桢传》清样,如何向各界交代。想做事,正在做,又担心,又惶恐,成为谈向东此时此刻的心情。

原来以轻松的心态来撰写《谈家桢传》的向东,想用这个方式来纪念爷爷并充实自己,而现在已变成一个大家关心的任务了;同时,向东也积极响应浙江大学115周年校庆、复旦大学江湾新校区,特别是生命科学学院新大楼的落成等事项,表态并准备尽快地将《谈家桢传》的撰写清样完成。这样一来,写作任务的难度突然增加,与时间赛跑成了向东最难逾越的栏架;史实的多方考证,也成为摆在向东面前必须跨越的道道深沟;另外,遗传学专业术语的使用恰当与否,也是在考验向东的撰写功底或能力了。

看来,这件不轻松的任务,已经不是谈向东一个人的事了。

2010年11月17日,从谈德彬处拿到了他所收集民国初年版的谈家家谱《珏西谈氏宗谱(娄字号、敦睦堂领)》24本共48卷。回到家里,看着先人们整理有1800多年的家谱,心里安静平和,感受家系延续之悠久的脉络,感受中华大家庭中一员之荣光。与此同时,我却久久不能立即投入编写《谈家桢传》的工作。因为,大量的阅读、解读、理解、理顺这浩大工程里、历史长河中先辈的印迹或信息,找出与谈家桢密切相关的资讯,来更好地让读者感受并与之分享。于是,开始着手构思《谈家桢传》开篇"谈氏宗谱之延考,时空交错有佳话"。

2010年12月2日,我从上海赶往广西南宁,与电话约见的广西壮族自治区副主席陈章良碰面。通过愉快交流与谈话后,明确地知道,陈章良在1986年从美国华盛顿大学毕业,1987年回国就职于北京大学,任职副教授,到成长为广西壮族自治区副主席的人生经历;具体了解他的科研情况,澄清了一些问题。这是谈向东兑现浙大、复旦对《谈家桢传》立项撰写任务后的第一次外出核实、采访工作。选择广西作为第一站,也是向东几经考

2011年3月,谈向东在陈宜张院士办公室进行采访

2011年6月,谈向东在北京大学采访戴灼华教授

虑的结果,这是因为谈家桢本人与广西的渊源等诸多因素而促成,可以说颇有收获,对《谈家桢传》的撰写起到了承前启后的作用。

到2011年2月间,《谈家桢传》的撰写在向东的努力下,已有28个章回,将近40万字和320多幅各类图片与照片,初稿清样可以说是已有小成了。下面的主要工作可转入:考证史实与收集其他等方面的事务;丰富内容、细节;补充完善1990年以后的故事等;串联事实,构成与理顺每个章节的工作方面。

2011年3月7日上午8时半,与事先预约的陈宜张院士,在他的上海第二军医大学医学基础楼二楼办公室见面;这位年届84岁的将军院士,热情地接待了向东。向东将已做的《谈家桢传》部分工作向将军院士作了简短地汇报,并采访、考证了陈宜张与谈家桢之间的故事。

2011年4月21日上午,从上海驾车赶到苏州,与事前电话联系的苏州大学档案馆的钱万里见面,并于上午8时半和下午3时前后约见了苏州大学田晓明副校长、熊思东副校长,分别进行了长时间的交流,参观了苏州大学博物馆、刚建完并投入使用的医学免疫实验室。在苏大的12小时里,我分明感受到这所百多年的学校绿茵环抱,建筑赋予的文化积淀;更在收集到的部分资料里,去体会谈家桢于1926年至1930年间在东吴本科学习,于1932年至1934年间,在东吴教学和与傅曼芸结婚的场景。其感同身受与激动,就仿佛1926年谈家桢跑入东吴校门一样,为新苏州大学的点滴而高兴。为此,在苏州大学博物馆留言簿上,欣然题写"百年东吴,世纪摇篮"的祝贺。

2011年5月,借民盟上海市委开会的机会,到研究室王海波处调阅经他收集、整理的有关谈家桢于1952年院系调整期间,盟员组织关系从杭州转到上海的调单,杭州、上海盟员登记表等珍贵资料,目的是丰富《谈家桢传》的史实性、可读性。

2011年6月19日至24日,按计划在北京进行了为《谈家桢传》收集资料并考证工作。20日,到北京大学档案馆调阅谈家桢入学燕京大学资料并电子扫描;与戴灼华教授在校史馆交流并参观李汝祺先生的纪念展览;到北京大学生命科学学院参观;与吴鹤龄、翟中和先生的家里见面、交流。21日,上午到中国遗传学会与安锡培先生见面并具体汇报《谈家桢传》进行的部分成果,收集相关资料;下午到中国人民解放军军事医学科学院访贺福初院长、院士。22日,上午到中国科学院访李家洋副院长、院士,受到热情接待,并告之此行目的,得到了家洋院长的首肯和支持;事后,因家洋院长的指示,与科学院事务局的同志取得联系,为《谈家桢传》的撰写工作,得到了中国科学院的后援。下午,到清华大学生命科学学院,与施一公教授、饶子和院士见面,并参观了部分实验室,感触良多。23日,到中国民盟中央与从外地赶回的宣传部何云华副部长等见面,汇报工作并请求认证部分事实等具体事宜;更得到了民盟中央交付的部分事关谈家桢的资料文件。北京之行基本上按计划执行,充实并圆满。

2011年8月22日,与从杭州赶到上海虹桥机场的浙江大学档案馆吕丰老师一起赴贵州遵义、湄潭、永兴等地访问。22日下午1时40分到贵阳机场,湄潭的老朋友黄正义先生接机并直接到遵义;参观了"遵义会议"和展览馆,感受红军长征在遵义地区四渡赤水,转折北上的艰难过程;顺访遵义

第四届"谈家桢生命科学奖"在复旦大学光华楼报告厅举行
一排左二起:丁健、陈赛娟、曾溢涛、樊代明、饶子和、杨玉良、杨卫、谈向东、程京、金力
二排左起:谢毅、傅继梁、陈少雄、王红艳、薛京伦、陈佺、张树义、陈国强、裴钢、曹雪涛、葛俊波、张学、曾科、陈雁、陈启宇、柴继杰

文化老人詹健伦遗孀93岁的李昇明女士。23日在湄潭参观文庙,即浙江大学西迁展览,重点寻访谈家桢在湄潭期间的足迹;顺访湄潭中学(原浙江大学附属中学),并在竺可桢汉白玉站像前留影;参观湄潭新农村建设,田家沟的"十谢共产党"、核桃坝村的茶叶发展和"十里画廊"等,切身感受湄潭乡里纯厚民风;参观浙大农学院农场原址;参观"万亩茶海"壮丽景观和永兴原浙大旧址等集中参观活动。24日上午在湄潭"泰和茶楼"与湄潭西迁研究会的部分同志座谈。

2011年9月2日,续聘为"谈家桢生命科学奖"评审专家委员会委员。

2011年10月,出席于天津举行的"谈家桢生命科学奖"第四届奖励委员会会议。期间,新一任奖励委员会饶子和主任谈及为了更好地办好"谈家桢生命科学奖",建议筹备"谈家桢基金会"的动议和具体的办奖、筹建基金会的指示,为后续的工作指明了工作要求。

2012年2月24日上午9时,第四届"谈家桢生命科学奖"在复旦大学光华楼2号报告厅举行。

2012年11月20日出席复星医药H股上市答谢晚宴

如果说,2008年首届"谈家桢生命科学奖"是开创之举的话,步入2011年的第四届"谈家桢生命科学奖"已显示出成熟;并计划开始在高校、研究机构等单位轮换举行,让更多的学子来体会"谈家桢生命科学奖"和获奖人的力量;鼓励科研,提倡创新,提携新人;为科研转化成社会成果、产品,提供一个指向性的平台;是国家奖励机制的一个补充。

2012年6月28日,出席上海市委统战部举办的有关60年上海统战杰出人物传记,暨《一片丹心图报国》的首发仪式;并有十分钟的发言。

第五届"谈家桢生命科学奖"在浙江大学园正启真酒店三楼启真会议厅隆重举行

11月20日,出席复星医药上市庆典;期间,与贺林院士、陈少雄一起代表"谈家桢生命科学奖"组织机构,接受复星医药对"谈家桢生命科学奖"300万元人民币的资助。

2012年12月14日上午9时,第五届"谈家桢生命科学奖"在杭州浙江大学紫金港校区园正启真酒店三楼的启真大会议厅隆重举行。

回顾2008年到现在,向东感到身后有一股强大推力,感受到为国家服务的一种崇高使命;通过撰写《谈家桢传》、参与"谈家桢生命科学奖"和筹建"谈家桢基金会"等具体工作,让我不敢有所疏忽。

4年的扎实工作,《谈家桢传》已超60万字,并具体到考证、核实阶段;大量反馈资料、信息,需要更多的整理;特别是谈家桢从1978年后的记事本的复印、逐条审理,为《谈家桢传》的写就,提供了翔实的依据;同时,需要更多的时间来梳理;所以,向东在2012年9月已向复旦大学提出顺延立项的研究时间,目的是想拿出一份更好的材料,来回报社会。

同时,通过本次出版《谈家桢与大学科研》的形式,将已经成文《谈家桢传》清稿素样的部分内容,先期结合大量照片,补充了有关瓢虫、果蝇为实验材料科研内容,丰富与加强了这个选题,并予以阶段小结。

借此本书出版机会,再次收集涉及谈家桢本人的资料与史实,为后续的《谈家桢传》撰写,打下结实的基础,这里拜托各位。

2013年，是谈家桢诞辰105周年，《谈家桢与大学科研》的出版，是一种纪念；作为小辈，是一种"孝心"，希望爷爷的在天之星[1]，看到我这些年的努力，而含笑，而安慰，而自豪，而骄傲。

谈向东
2013年8月

---

[1] 1999年，国际小行星中心和国际小行星命名委员会根据中国科学院紫金山天文台的申报，正式批准将该台1964年发现的，国际永久编号第3542的小行星命名为"谈家桢星"。这既是对谈家桢在遗传学领域所取得开创性成就的一种肯定，也是对谈先生终身不渝、孜孜不倦于中国科研、教育事业精神的礼赞。

图书在版编目(CIP)数据

谈家桢与大学科研/谈向东著.—上海:复旦大学出版社,杭州:浙江大学出版社,
2013.11(2014.12重印)
ISBN 978-7-309-10031-0

Ⅰ.谈… Ⅱ.谈… Ⅲ.谈家桢(1909~2008)-传记 Ⅳ.K826.15

中国版本图书馆 CIP 数据核字(2013)第 206111 号

谈家桢与大学科研
谈向东 著
责任编辑/梁 玲

复旦大学出版社有限公司出版发行
上海市国权路 579 号 邮编:200433
网址:fupnet@fudanpress.com http://www.fudanpress.com
门市零售:86-21-65642857 团体订购:86-21-65118853
外埠邮购:86-21-65109143
上海华教印务有限公司

开本 787×1092 1/16 印张 8.5 字数 124 千
2014 年 12 月第 1 版第 3 次印刷

ISBN 978-7-309-10031-0/K·443
定价:36.00 元

如有印装质量问题,请向复旦大学出版社有限公司发行部调换。
版权所有 侵权必究